中部卒業設計展

NAGOYA ArchiFes 2024

The theme of this exhibition is " Apollo ".

はじめに

　「NAGOYA Archi Fes 2024中部卒業設計展」は今年で11回目を迎えました。1年間多種多様なことへ取り組み、新たなことへ挑戦しながら、中部建築界の活性化を目標に設計展の開催に向け準備を進めてまいりました。そして、無事開催できましたことを大変嬉しく思います。

　今年のテーマは「Apollo」です。アポロ11号が人類にとって新たな一歩を踏み出したように、出展者の皆様の個性や実力が存分に発揮され、終わりではなく未来につながる機会となることを願いこのテーマにしました。
　2日間にわたる審査、ディスカッションにより新たな未来を切り開く建築の提案に対して、さまざまな議論が交わされました。皆様にとって有意義な時間と感じていただけたなら幸いです。

　本設計展の開催にあたり多くの皆様にお力添えいただきました。4年間の集大成である卒業設計の魅力を存分に発揮していただいた出展者の皆様、審査を快く承諾していただき談論風発な場をつくっていただいた審査員の皆様、多くのご支援をいただいた総合資格学院様、協賛いただいた企業の皆様、会場に足をお運びいただいた来場者の皆様、作品をより輝かせるよう努めてくれた実行委員の皆、この場を借りて心から御礼申し上げます。

　10年を経て、新たな一歩を踏み出したNAGOYA Archi Fesですが、これからもより一層、中部圏を盛り上げ、意義ある活動を続けてまいりますので、ぜひご期待いただき温かく見守っていただけますとありがたく存じます。

　それでは、2日間にわたる中部圏の建築学生による未来へつながる新たな提案や見解を深める議論をご覧ください。

NAGOYA Archi Fes 2024 代表
大同大学 鈴木彩良

作品集発行にあたって

　建築士をはじめとする、有資格者の育成を通して、建築・建設業界に貢献する―、それを企業理念として、私たち総合資格学院は名古屋の地で創業しました。それ以来、約45年間、建築関係を中心とした資格スクールとして、安心・安全な社会づくりに寄与していくことを会社の使命とし、事業を展開してきました。その一環として、建築に関係する仕事を目指している学生の方々が、夢をあきらめることなく、建築の世界に進むことができるよう、さまざまな支援を全国で行っております。卒業設計展への協賛やその作品集の発行、就職セミナーなどは代表的な例です。

　2013年3月にスタートしたNAGOYA Archi Fes中部卒業設計展も、今年で11年目を迎えました。本大会をまとめた作品集をつくるにあたり、「より多くの学生の方の作品を、より詳しく紹介する」という創立時の編集方針のもと、NAGOYA Archi Fes賞・最優秀賞の作品を6ページ、優秀賞を4ページ、それ以外の受賞作品も1～4ページで紹介しています。その他の出展作品についても1／2ページにて掲載したほか、2日間の審査の模様を豊富な写真と文章で記録しているため、学生の方の設計意図や審査員の先生方の設計理念、審査のポイントなどを読み取ることができるでしょう。

　本設計展および本作品集が、中部地区に留まらず、全国の学生へ刺激を与えていく。設計展の立ち上げの時から見守ってきた、当社の中部卒業設計展への願いであります。近年の建築・建設業界は人材不足が大きな問題となっていますが、さらに、人口減少の影響から、社会の在り方が大きな転換期を迎えていると実感します。特に近年は、アフターコロナによる新しい生活や社会の仕組みが模索されております。そのような状況下で建築業界においても、建築家をはじめとした技術者の役割が見直される時期を迎えています。

　変革期にある社会において、本作品集が、建築に興味を持ち始めた若い人々の道標の一つとなり、また、本設計展に参加された学生の方々や本作品集をご覧になった若い方々が、時代の変化を捉えて新しい建築の在り方を構築し、高い倫理観と実務能力を持った建築家そして技術者となることを期待しております。

総合資格
代表取締役　岸 和子

「中部建築界の活性化」を理念に掲げ、建築を学ぶ学生によって2013年から多岐にわたる活動が行われてきたNAGOYA Archi Fes。11年目を迎えた今回のテーマは「Apollo」。節目の年を終えて、新たな一歩を踏み出す決意を宇宙船アポロ11号に重ねた。吹上ホールに集まった作品には、学生らしく自由な発想でエネルギーを感じられる作品のほか、「建築」の意義を問うような作品も。まだ見ぬ新しいことをしたい、そんな学生たちの純粋な思いがあふれる2日間となった。

目次
contents

002	はじめに
003	作品集発行にあたって
004	Apollo（プロローグ）
006	目次／大会概要
007	総合司会を終えて
008	審査方式
009	審査を終えて
010	審査員紹介
016	The 1st Day
018	グループディスカッション
028	作品講評
032	The 2nd Day
034	プレゼンテーション＆質疑応答
046	公開審査
055	入選作品紹介
103	作品紹介
139	活動内容紹介
150	学生実行委員会
153	協賛企業

大会概要
competition summary

【開催日程】

2024年3月12日(火)

9:00～9:15	開会式
9:15～9:55	グループディスカッション1
9:55～10:00	グループ替え
10:00～10:40	グループディスカッション2
10:40～10:50	休憩
10:50～11:30	グループディスカッション3
11:30～11:35	グループ替え
11:35～12:15	グループディスカッション4
12:15～12:25	休憩
12:25～13:25	自由巡回
13:25～14:40	審査員投票・昼休憩
14:40～15:10	開票・会場準備
15:10～16:35	受賞作品プレゼン（前半）
16:35～16:50	休憩
16:50～18:05	受賞作品プレゼン（後半）
18:05～18:15	休憩
18:15～19:05	公開ディスカッション
19:05～19:25	表彰式・閉会式

2024年3月13日(水)

9:00～9:15	開会式
9:15～10:35	巡回審査（1ターム）
10:35～10:45	休憩
10:45～12:05	巡回審査（2ターム）
12:05～12:15	休憩
12:15～13:35	巡回審査（3ターム）
13:35～14:05	自由巡回
14:05～15:25	ファイナリスト選考・昼休憩
15:25～17:05	ファイナリストプレゼン
17:05～17:20	休憩
17:20～18:50	ディスカッション
18:50～19:20	表彰・閉会式

【会　　場】

吹上ホール（名古屋市中小企業振興会館）
2階第1ファッション展示場・7階メインホール
名古屋市千種区吹上2-6-3

【賞】

1日目　NAGOYA Archi Fes 賞（1点）、個人賞（10点）
2日目　最優秀賞（1点）、優秀賞（2点）、個人賞（5点）、オンライン賞（1点）

総合司会を終えて

　大学の本棚にある10冊のNAGOYA Archi Fesオフィシャルブックを手に取りながら、この寄稿文を書いている。総合司会の打診があった際に、運営陣の学生たちと話している中で、NAGOYA Archi Fes 10年目を過ぎて、新たな10年へ向かうということで、これまでの10年をしっかりと振り返り、運営陣の学生たちと話し合いの場をしっかりと持って進めるということで、お引き受けすることになった。

　最終的には、審査員の世代を幅広くして、男性ばかりにならないようにすること、NAGOYA Archi Fes 10年という蓄積を踏まえて、運営陣として関わった先輩や歴代の受賞者から、審査員を選定すること、この10年間で行われてきた審査方法について、しっかりと振り返り、出展者・審査員・来場者・運営陣のみんなが楽しめて、実りあるイベントになるようにすること、などを議論して、今回の審査員や審査方法が決まった。

　11回目となるNAGOYA Archi Fes 2024審査当日には、中部圏から90を超える卒業設計の出展があり、繊細かつ大きな模型が並ぶ会場は、熱気に満ちていた。1日目は、東海圏で活躍する建築家やデザイナーなど10名の審査員を迎え、各審査員と出展者が数名ずつのグループに分かれ、グループディスカッションを繰り返し、各審査員が個人賞を決定した。その後、10名の個人賞の中から、NAGOYA Archi Fes賞を決める公開ディスカッションが行われた。審査員の領域が多様なこともあり、個人賞としての評価軸も多岐に渡り、最終投票では大接戦となり、最終的には、「モノと人の結節点―物流・人流の拠点としての水戸駅再生―」松高葵生（信州大学）がNAGOYA Archi Fes賞を勝ち取った。

　2日目は、古谷誠章氏（委員長）、金野千恵氏、サリー楓氏、島田陽氏、高野洋平氏の5名を審査員に招き、審査員が全提案を巡回し、出展者のショートプレゼンを受けた上で、審査員間での協議により、ファイナリスト8名を選考した。その後、大ホールにて、ファイナリストによるプレゼンとディスカッション、審査員とファイナリストによる白熱した議論を経て、満場一致で、「モスタル再編構想」勝見さくら（名古屋工業大学）が最優秀賞として選出された。

　2日間、総合司会を務めた中で、改めて卒業設計の多様さを感じ、今の社会や建築界隈について、学生が何を感じ、何に関心があるのかが現れていて、また、それを評価する軸も多様であることを再認識した。最優秀賞を決めるということで、卒業設計とは？建築とは？という問いに、正解を求める傾向があるが、重要なのは、この熱い2日間で何を感じ、何に気づいたかではないだろうか。出展した学生に限らず、審査員も来場者も、そして、170名を超えるNAGOYA Archi Fes運営陣の学生も。12回目となるNAGOYA Archi Fes 2025が楽しみでならない。

総合司会
椙山女学園大学 准教授　橋本雅好

審査方式

会場審査 1日目｜3月12日（火）

1.グループディスカッション

審査員1名、出展者5名を1グループとして、全部で10グループつくる。1名あたり8分（プレゼン2分+ディスカッション5分+移動1分）与えられ、プレゼンターと審査員を中心としたメンバーによるディスカッションが行われる。グループ替えをしながら、これを4ターム行う。

2.自由巡回

審査員がディスカッションをしていない作品、ディスカッションをしたがもっと理解を深めたい作品を中心に、展示会場を自由に回り、気になった作品の出展者とコミュニケーションをとる。

3.個人賞選出

ディスカッションや自由巡回で触れた作品の中から審査員それぞれが1作品選出し、重複しないように全体で10名を審査員個人賞として表彰する。

4.受賞作品プレゼン

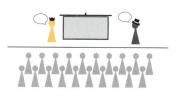

受賞者10名が前半と後半に分かれて、審査員全員と公開ディスカッション（プレゼン3分+ディスカッション10分）を行う。ここでは、審査員10名の異なる視点から作品を見ることにより、それぞれの作品への理解を深めることを目的とする。

5.選出者ディスカッション

審査員10名と受賞者10名の計20名で公開ディスカッションを行う。

6.表彰

公開ディスカッションを経て10名の中からNAGOYA Archi Fes賞を決定する。

会場審査 2日目｜3月13日（水）

1.90秒プレゼン

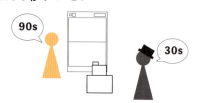

1名あたり90秒プレゼンをし、審査員が30秒講評をする。5名の審査員はそれぞれ全作品を巡回して審査する。

2.自由巡回

プレゼンを受け、審査員がより深く知りたいと思った作品の出展者に追加質問をする。

3.公開審査 - プレゼン

ファイナリストとして8名が選ばれ、選出者8名はステージ上で3分プレゼンをし、5分質疑応答を行う。

4.公開審査 - ディスカッション

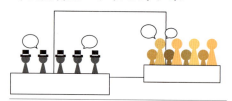

審査員とファイナリストの間でディスカッションを行い、審査員は最優秀賞1作品、優秀賞2作品、審査員個人賞5作品を決める。全出展者の中からオンライン投票で選ばれた1作品には、オンライン賞を授与する。

審査を終えて

　近年は年度末になかなか予定を合わせることが叶わず、卒業設計展の審査を引き受けたのは久しぶりでした。会場に展示された各作品のパネルと模型の密度は高く、2日間に及ぶ審査というのにも大変驚かされました。出展する側も運営する側も、双方の学生諸君のエネルギーに感服します。どの作品もパネルサイズの制約がある中、実際の卒業設計に比べても凝縮された表現になっているのだと思いますが、一旦卒業設計を提出した後に、再度このように編集する機会があるというのもいいことだと思います。自分自身がつくり出したものをもう一度見つめ直すことができますし、多くの人々の眼のある会場に多くの学生が一堂に介して展示するというのも、自分自身の作品を改めて客観視することに繋がります。いずれにしてもそんな熱気の中で出展者全員が短い時間内にプレゼンテーションをしてくれて、それを集中して聴き取るのも、とても楽しく新鮮に感じました。

　取り組んだテーマは本当に幅広い分野にわたるもので、国際的な視野に立つものから、衰退する地方の問題、人々の集まる都市や、そこでの多世代が暮らす居住環境の問題、さらには自己の内面に向き合おうとするものなどまで、非常に多様なものがありました。最優秀となった勝見さくらさんの「モスタル再編構想」は、さまざまな民族や文化、宗教が入り混じって形成され、その対立から川を境に分断されたものとなっているボスニア・ヘルツェゴビナの都市モスタルに、民族をつなぐ架け橋を渡そうとする計画で、声高に叫ぶものではないが確かな心意気が感じられました。

　それに次ぐ優秀の二案では、牧嘉乃さんの「山を建てる」という建築造形の発想は大変個性的で、大きな可能性を感じました。山が持つ力強さと複雑さが建築のモチーフとなることを追求していて挑戦的だと思います。それに対して山本明里さんの、きょうだい児と不登校児のための「ポッケ ミッケ」はとても身近な日常的な問題に取り組み、一筋の道を巡って織りなされる身体的な空間群が魅力的でした。

　さらに僕が個人賞として選んだ浅井美穂さんの「交錯する商と芸」は、京町家の小路に劇場的な空間を組み込もうとする斬新な提案で、強く印象づけられました。都市の最大の楽しみは人が人を観るという、都市が本来もつ劇場性を取り戻そうとする試みに大いに共感します。

　卒業設計は学生諸君にとって集大成ではなく、社会に投ずる初々しくも力強い最初の一石だというのが僕の持論で、その後の建築人生をどのように舵を取るかの所信表明だと思いますので、今一度みなさんが投じた石の意味と可能性を見つめてみて欲しいと思います。

審査員長

早稲田大学教授　古谷誠章

審査員紹介

PROFILE OF CRITICS

2024
3/12
Tue

審査1日目

淺沼 宏泰
Hiroyasu Asanuma

スターツCAM 執行役員 名古屋建設部 部長

1972年愛知県生まれ。1995年名城大学理工学部建築学科卒業。現在はスターツCAM執行役員、名古屋建設部部長として活躍。建設部門である名古屋・大阪・福岡をはじめ西日本を管轄。新築だけでなく増築、減築、免震、レトロフィット、モクビル（木造×RC造）、BIM-FMといった同社のもつ技術を用いて、社会の課題と向き合い、時代のニーズに合った設計施工を行う。2021年鈴木禎次賞特別賞を受賞。

〈主な作品〉

布袋駅前プロジェクト

COULEURS TERRACE KAKUOZAN

NAGOYA Archi Fes 2024

伊藤 淳
Atsushi Ito

清水建設 名古屋支店建築設計部 設計長

1979年東京都生まれ。2006年千葉大学大学院自然科学研究科修士課程を修了後、清水建設設計本部へ入社。2015年から1年間は米国設計事務所へ留学（Earl Swensson Associates /ナッシュビル/TN）。2020年以降〜現在は、清水建設名古屋支店建築設計部で活躍。米国設計事務所での病院実務設計の経験を生かし、大学病院や大型公立病院の設計に携わる。その一方で、小児病棟の木のおもちゃのデザインやレストランの改修など、幅広い用途の建築空間、デザインの経験を有する。主な受賞歴は、IFHE国際医療福祉建築賞、キッズデザイン賞、日本空間デザイン賞（DSA）、日本サインデザイン賞（SDA）など。

〈主な作品〉
岩手医科大学附属病院
松戸市立総合医療センター

植村 康平
Kohei Uemura

植村康平建築設計事務所 代表

1985年愛知県生まれ。2008年愛知淑徳大学現代社会学部現代社会学科都市環境デザインコースを卒業後、2013年からD.I.G Architectsに入社。2015年に植村康平建築設計事務所を開設。現在は商店街内の空き店舗をコンバージョンしたニシヤマナガヤを拠点に設計やまちづくり活動を行う。主な受賞歴は、第31回すまいる愛知住宅賞、第5回中部商空間賞、第6回名古屋まちなみデザインセレクション景観・まちづくり部門、第28回愛知まちなみ建築賞、第37回日本建築学会東海賞作品賞など。

〈主な作品〉
カドニワの家
ニシヤマナガヤ

小粥 千寿
Chizu Ogai

Chizu Ogai research + design 代表

1979年静岡県生まれ。2002年京都大学総合人間学部人間学科生活空間構造論専攻を卒業後、航空会社や証券会社に勤務。2007年にオランダのデザインアカデミーアイントホーフェン Man & Activity 学科へ編入。2010年卒業後、静岡県浜松市を拠点に活動。56634のデザイナー、ギャラリーあ 主宰（企画・運営）、京都市立芸術大学美術学部や名古屋芸術大学大学院での非常勤講師を経て、現在は名古屋芸術大学芸術学部芸術学科芸術領域の准教授として活躍。主な受賞歴は、ワイスワイスにっぽんの木100年家具コンペティション審査員特別賞、GRANSHIP静岡県コンベンションアーツセンターアートコンペグランシップ賞、ウッドデザイン賞ソーシャルデザイン部門受賞（「Scale No.50」「東北杉の和柄コースター」）など。

〈主な作品〉
モノサシ No.50
わたしたちのたべもの展 −大根編−

審査員紹介

加藤 正都
Masato Kato

梓設計

1993年愛知県生まれ。2014年「NAGOYA Archi Fes 2014 中部卒業設計展」初代実行委員長。翌年「NAGOYA Archi Fes 2015」では優秀賞を受賞。2015年名古屋工業大学卒業後、バックパッカーとして世界1周の旅に出る。RUR Architecture DPC インターン、名古屋工業大学大学院修士課程修了を経て、2018年から梓設計に勤務。

〈主な作品〉
NAFポスター

NAF卒業設計作品

栗原 健太郎
Kentaro Kurihara

studio velocity

1977年埼玉県生まれ。2000年工学院大学工学部建築学科都市建築デザインコース卒業。2002年工学院大学大学院工学研究科建築学専攻修士課程修了後、石上純也建築設計事務所にて勤務。2006年にstudio velocityを設立し、現在は愛知産業大学造形学部建築学科准教授として活躍。主な受賞歴は、International Archiecture Awards 2011、AR HOUSE AWARDS 2013 優秀賞、GOOD DESIGN AWARD 2015・2018、JIA(日本建築家協会) 新人賞 2016など。「TRACES OF CENTURIES & FUTURE STEPS」展(第13回ヴェネツィア・ビエンナーレ国際建築展)、あいちトリエンナーレ2013 国際芸術祭へ出展。

〈主な作品〉
愛知産業大学 言語・情報共育センター

山王のオフィス

野中 あつみ
Atsumi Nonaka

ナノメートルアーキテクチャー

1984年愛知県生まれ。2007年名古屋大学工学部化学生物工学科卒業。2009年名古屋大学大学院工学研究科修士課程遺伝子工学講座修了、2011年専門学校都市デザインカレッジ愛知建築科卒業を経て、吉村靖孝建築設計事務所に勤務。2016年にナノメートルアーキテクチャーを設立。名古屋工業大学で非常勤講師として活躍。主な受賞歴は、Under 35 Architects exhibition 2017 入選、2025年日本国際博覧会 休憩所他設計業務の公募型プロポーザル 優秀提案者(サテライトスタジオ東)、第54回中部建築賞入選など。

〈主な作品〉
ナノメートルアーキテクチャーオフィス

大阪・関西万博サテライトスタジオ東

NAGOYA Archi Fes 2024

和 祐里
Yuri Yamato

アンビエントデザインズ 取締役

1988年東京都生まれ。2011年武蔵野美術大学造形学部視覚伝達デザイン学科卒業。企業で、クリエイティブディレクター、デザイナーとして実績を積んだ後、ambientdesignsに参画。名古屋学芸大学メディア造形学部デザイン学科非常勤講師を務め、現在は愛知県立芸術大学美術学部デザイン/工芸科デザイン専攻専任講師として活躍。主な受賞歴は、2023年度グッドデザイン賞 受賞、第30回愛知まちなみ建築賞 特別賞、ウッドデザイン賞2022 入選、ソトノバ・アワード2022 大賞、愛知県一宮市「ウォーカブル空間デザインプロジェクト(基本構想)プロポーザル」最優秀、第53回日本サインデザイン賞 入選、日本空間デザイン賞2021 Longlistなど。

〈主な作品〉
tracing

一宮の路上建築群

吉村 真基
Maki Yoshimura

吉村真基建築計画事務所 代表取締役

1975年東京都生まれ。1998年に早稲田大学理工学部建築学科卒業。2000年に早稲田大学大学院修士課程石山修武研究室修了後、FOBAに勤務。2005年にD.I.G Architectsを共同設立し、2018年には吉村真基建築計画事務所を設立。現在は名古屋大学、滋賀県立大学、名城大学、愛知淑徳大学、椙山女学園大学で非常勤講師を務める。主な受賞歴は、第17回愛知まちなみ建築賞受賞(M HOUSE)、第44回中部建築賞受賞(K HOUSE)、2020年日本設計学会賞ファイナリストなど。

〈主な作品〉
やまさと保育園増築棟

西坂部の家

橋本 雅好 [1日目・2日目総合司会]
Masayoshi Hashimoto

椙山女学園大学 准教授

1973年群馬県生まれ。2001年に東京大学大学院工学系研究科建築学専攻博士後期課程修了。2005年に椙山女学園大学生活科学部生活環境デザイン学科の専任講師となり、2010年から准教授。受賞歴は、2003年日本建築学会奨励賞、2010年第4回キッズデザイン賞入選、2017年第51回日本サインデザイン賞入選・地区デザイン賞、2021年JCD中部支部第5回中部商空間賞・銀賞など、共著には『建築系学生のための卒業設計の進め方』(井上書院)、『設計に活かす建築計画』(学芸出版社)がある。

〈主な作品〉
駄菓子屋水都軒

シンニチ工業・休憩所

審査員紹介

PROFILE OF CRITICS

2024
3 / 13
Wed

審査2日目

古谷 誠章 [審査員長]
Nobuaki Furuya

NASCA 代表

1955年東京都生まれ。1978年早稲田大学卒業。1980年早稲田大学大学院修士課程修了後、早稲田大学助手、近畿大学工学部講師を経て、1986年から文化庁芸術家在外研修員としてスイスの建築家マリオ・ボッタの事務所に在籍。1994年に八木佐千子と共同してNASCAを設立。1997年に早稲田大学教授に就任。その他、第55代日本建築学会会長、早稲田大学芸術学校校長を務め、現在は東京建築士会会長、日本建築士会連合会会長としても活躍。主な受賞歴は、日本建築学会作品選奨受賞、2012年AACA賞、日本建築家協会日本建築大賞など。著書に『Shuffled 古谷誠章の建築ノート』(TOTO出版)、『がらんどう』(王国社)など。

〈主な作品〉
阿久根市民交流センター 風テラスあくね

道の駅たのはた 思惟の風

金野 千恵
Chie Konno

teco 代表

1981年神奈川県生まれ。2005年東京工業大学卒業、2005-06年スイス連邦工科大学奨学生。2011年東京工業大学大学院博士課程修了後、KONNO設立。2015年よりｔｅｃｏ主宰。2021年より京都工芸繊維大学特任准教授。2024年スイス連邦工科大学チューリッヒ校客員教員。主な受賞歴は、2012年東京建築士会住宅建築賞金賞、2014年日本建築学会作品選集新人賞、第15回ヴェネチアビエンナーレ国際建築展2016日本館 審査員 特別表彰 受賞、2023年日本建築学会賞(作品)など。

〈主な作品〉
春日台センターセンター

向陽ロッジアハウス

NAGOYA Archi Fes 2024

サリー 楓
Kaede Sari

建築デザイナー

1993年京都府生まれ。2019年に慶應義塾大学大学院修士課程修了後、日建設計に入社。建築デザイナーとして大手設計事務所を拠点に建築や事業の提案を行う傍ら、セクシュアルマイノリティの当事者としてDiversity&Inclusionに関する講演や発信活動を行う。主な作品は、リコチャレ！中高生向け建築ワークショップ、港区公衆トイレデザインガイドライン「進めよう！おもてなし公衆トイレ」、「TOILET」日建設計東京ビルトイレ改修など。

〈主な作品〉

「TOILET」styling

「TOILET」relax

島田 陽
Yo Shimada

**タトアーキテクツ／
島田陽建築設計事務所 代表**

1972年兵庫県生まれ。1997年に京都市立芸術大学大学院修士課程修了後、タトアーキテクツ／島田陽建築設計事務所を設立。現在は京都市立芸術大学教授を勤める。主な受賞歴は、LIXILデザインコンテスト2012金賞、2013年第29回吉岡賞受賞、2016年日本建築設計学会賞大賞、National Commendation, AIA National Architecture Awards、Dezeen Awards2018 House of the Year。著書に『島田陽　住宅/YO SHIMADA HOUSES』『日常の設計の日常』『7iP #04 YO SHIMADA』など。

〈主な作品〉

ハミルトンの住居

六甲の住居

高野 洋平
Yohei Takano

MARU。architecture 共同主宰

1979年愛知県生まれ。2003年に千葉大学大学院修士課程修了後、佐藤総合計画に入社。2013年よりMARU。architecture共同主宰。2016年に千葉大学大学院博士後期課程修了後、現在は高知工科大学特任教授、法政大学・京都大学の非常勤講師を務める。主な受賞歴は、土木学会デザイン賞2021奨励賞、2022年第54回中部建築賞入賞、ウッドデザイン賞2022奨励賞、日本建築家協会優秀建築選2023など。

〈主な作品〉

花重リノベーション

笹島高架下オフィス

2024 3.12 Tue

The 1st day of NAGOYA Arch

１日目は、中部エリアを中心に建築やデザインなどに関わる10名のプロフェッショナルたちが集結した。
　まずは出展者数名と審査員1名を交えてグループを割り振り、学生と審査員が一緒になってグループディスカッションを実施。メンバーを入れ替えながら議論を繰り広げ、審査によって10名の審査員個人賞が選出された。
　公開審査では、審査員個人賞が1人ずつプレゼンテーションを行い、審査員全員を交えてディスカッション。最も評価を得た1名をNAGOYA Archi Fes賞に選出し、各審査員からは個人賞が授与された。

Fes 2024

The 1st day
グループディスカッション
Group Discussion

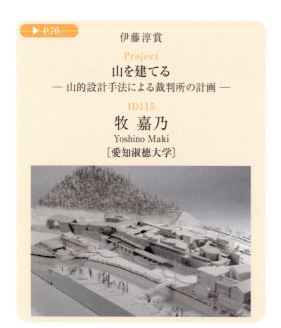

▶ P.76

伊藤淳賞
Project
山を建てる
── 山的設計手法による裁判所の計画 ──
ID115
牧　嘉乃
Yoshino Maki
［愛知淑徳大学］

Presentation

牧：私たちは建築をどこまで偉大にし、どこまで親しみを持たせることができるのか。日常的に目にし、囲われ、またその上に立つものとしての山の存在をきっかけに、山のような建築の在り方について考え始めました。
　本設計では、偉大さと親しみを併せもつ山を、現在権威的であ

りすぎる裁判所に適応させることで裁判所を解いていこうと考えています。山を建築化するにあたり、大きく3つの手順で行いました。

まず風景としての山を遠景、形態としての山を中景、山道の体験としての山を近景として、ここから得られた38の言葉から今回は10個を抽出して、その中からさらに7つの空間構成ルールをつくりました。これらのスケールの大小7つのルールを掛け合わせることによって、全体を構成しています。

今回は裁判所に適応させるにあたり、さらに壁のルールと道のルールについてスタディを行いました。これが現在の法廷の動線模型なのですが、利害関係を孕む人たちが糸が絡まったようにぐちゃぐちゃになっているがゆえに、公開されている傍聴という行為に対してすごくハードルが上がってしまっている状態だったので、それを立場ごとに動線が明確に分けられた空間構成としました。具体的には、エントランスと動線を6つに分けて、山道から続く傍聴人入口、対極に配置された原告・被告人入口、裁判官・検察・弁護士入口としています。全体的な空間構成は、中央に法廷ブロック、突き当たりに大法廷、裁判官の事務スペースとしています。法廷ブロックをスケールアップすると、地下1階と2階に法廷を配置し、間を当事者の動線及び待合としてそれらを背中合わせの関係に配置することで、雰囲気を感じ取りつつも法廷に入るまで顔を合わせないように計画をしています。

伊藤：山的な視点という話が冒頭にもありましたが、デザインのどのような所に昇華しているのですか？
牧：全体的なデザインに使っています。具体的には、傾いた壁というのがまずルールで出てきたので、傾いた壁で構成された法廷のブロックに対して、それを山道の細い道で繋ぐブリッジに用いています。
伊藤：全体的なコンセプトでありつつ、そういうディテール的な所にも用いているのですね。
牧：そうですね。部分と全体に。
伊藤：面白い。何か研究をしているのですか？
牧：いいえ。実際に裁判所に傍聴に行った時に、傍聴人として入る所にも原告入口があったので、それにすごく違和感を覚えたのがきっかけです。
伊藤：傍聴人入口と原告・被告人入口が分かれているわけね。
牧：そうです。
伊藤：堅いものと美しいものを表現するというセンスが良いですよね。場所はどこですか？
牧：京都の宇治市です。これが敷地模型で、山と住宅の部分に配置しています。
伊藤：これは鴨川でしょうか？
牧：宇治川です。
伊藤：どうして京都を選んだのでしょうか。京都にした理由はありますか？
牧：京都の南部に地方裁判所の支部がないということが問題になっていて、そこから選びました。

▶ P.80

野中あつみ賞

Project
ポッケ ミッケ
― きょうだい児と不登校児のための1kmの居場所 ―

ID124
山本 明里
Akari Yamamoto
[名古屋市立大学]

Presentation

山本：居場所に悩むきょうだい児と不登校児のための、第3の居場所としてのケアの環境を提案します。きょうだい児とは、兄弟に障害者がいる子どものことで、自分がその当事者でした。彼らは特有の悩みや問題を抱えているのに対し、ケアの対象になりづらい現状があります。彼らには、社会との距離感を自由に行き来できる、曖昧でさまざまな在り方を許容する空間が必要だと考えました。

対象地は名古屋駅西の八田駅周辺で、ここに1km以上続く歩行空間として利用される緑道があり、今回はそれに付随する3つの空き地を選びました。この緑道の特性からケアの計画をしていきます。サイトAは駅前で公共性が高く、Bは住宅街、Cは中学校の横で多くの子どもの目に触れる場所です。これに応じて、コミュニティが狭く、集まる場所と広くて散らばる場所をグラデーションにつくっていきます。社会との距離感が異なる複数の場所があることで、彼らは自分の居場所を選択して移動することができます。

設計手法は歩く人を迎えるように配置した木造のケア空間に

対し、地域機能のRCをかませることで、この木空間から構造とともに活動があふれ出すようにしました。また、濃淡のある空間をつくるために視認性と可動性に分けたマトリックスも建築要素となり空間を構成していきます。Cは中学校の横にあり学校の図書機能を外に出して緑道と一体となって使われます。ギャラリーやデッキ、本棚、カーテンに囲まれる小さな居場所や学校に対して背を向ける縁側などがあります。Bは地域の食堂と工房がケアする場所をとり囲んだ空間になっていて、彼らが少し奥まった軒下をくぐったところに小さな居場所を見つけます。

きょうだい児や不登校児は、これらの居場所を選択して行き来できることで、彼らだけの温かい"ポッケ"のような第3の居場所が見つかるのではないでしょうか。

野中：前提としてきょうだい児というのは健常者と呼ばれ、不登校でもなく学校に通える子で病気もない、兄弟にそういった状況を持つ子がいる人のことであり、ここはその両者が使うような、第3の居場所でしょうか？

山本：そうです。きょうだい児は健常者で身近に障害者がいて、親がその障害者に手がかかり、気付かないうちにヤングケアラーになっていることがあります。

野中：ここは学校に行ったあとだけではなく、24時間自由に来ても良い場所ですか？

山本：基本的にすべての場所に大人が常駐していて、その中に地域の人たちが使える機能があり、全部自由というよりは大人によって図書館や駅前の公園の中にある一つの場所などが管理されています。

野中：丁寧に設計されており、実体験に基づいていると感じました。このグリッドがあることで自由さが少し失われてしまうのではないかという気もしますが、この点についてはいかがですか？ メインのボリュームとグリッドの組み合わせ方には何かルールがあるのでしょうか？

山本：木空間は全部緑道になっており入りやすくなっていて、グリッドの中の可変性はカーテンや本棚など動かせる場所があったり、逆に強い仕切りが欲しい場所は壁が使われていたりして、この中の居場所にグラデーションがあると考えています。壁の要素とグリッド、格子を組み合わせて中にせり出していて、きょうだい児の居場所と一般にあてられている場所がグリッドを使うことによって交わるようにしています。こちら側が居場所になっていて梁が全部奥まで繋がっているのですが、そうすると一般側に一歩踏み出した時に「気づいたら地域の人がいる賑やかな場所に来られるようになっていた」というように居場所が広がっていったら良いなと思い、はみ出すようにしました。

野中：ここに来る子どもたちが地域に馴染んでいけることを目指しているのですか？

山本：それもでしし、家や学校ではない「ここに来たい」と思える温かい場所を目指しました。

野中：もうちょっとそれぞれの特徴を丁寧に説明できると1個ずつ癖が出てくるのだろうなという気がしました。卒業設計でそこまでやるのは難しいですが、とても高い場所や全部地下に埋まっている場所など、行く場所によって違う雰囲気があっても良いと感じました。それによってテンションが低い時は地下の誰とも会わないような場所をつくれるとか。町ぐるみで居場所をつくるのはすごく良いと思いました。

▶P.63

小粥千寿賞
Project
浄水場型農業のすゝめ
— アクアポニックスと濾過システムの融合 —
ID125

松崎 朱音
Akane Matsuzaki
[名古屋市立大学]

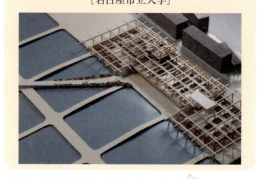

Presentation

松崎：アクアポニックスと浄水場のシステムの融合という新しい農業システムの提案で、アクアポニックスという魚・微生物・野菜が絡み合っているシステムに浄水場の中の緩速ろ過池の止水された水に混じって入り込んだ魚と、緩速ろ過層の上層で発生する微生物の二つに着目しました。それに植物である農業要素を混ぜたら、新しく浄水型農業ができるのではないかという提案をしています。

設計の一番のポイントとしては、緩速ろ過層の層を柱にそのまま持ってくることで、ここが着水井の役割を果たし、ここから水が流れた先に、その水質が層ごとに変化して微生物の発生量が異なっていくので、上にいくほど肥料が多く、下に行くほど少なくなり、肥料のグラデーションが出来ることにより、育てる野菜なども変わっていくようにしています。

小粥：このテーマでやろうと思ったきっかけはありましたか？

松崎：私の祖母の家が田舎にあり、農地などをたくさん所有していますが、それを相続するかと言われた時に農業を仕事にはしたくないと思ってしまいました。でも野菜を育てたり釣りをしたりと自然に触れるのは好きなので、「仕事にはしたくないけど自然に触れたい」という人が都市部にも多いのではないかと思うところから始まりました。浄水場を見つけてアクアポニックスとの融合ができるという発見をして設計に至りました。

小粥：今のところ、そういった前例は特にない？

松崎：ないです。アクアポニックスは結構広まってきていますが、浄水場と共有するということは自分で考えたものです。

小粥：人も来られますか？ 市民農園のような感じでしょうか？

松崎：市民農園のような感じで考えています。
小粥：私たちは普通に蛇口をひねって水を飲んでいますが、水がどこから来ているかなどなかなか知らないことも多いですし、それは食べ物にしても同じです。人が生きていくために必要なものと近くなり、出どころが分かるようになることはすごく良いなと思いました。浄水場以外にも小規模で町の中にそういったものを設置できたら良いですよね。浄水場には実際に行かれましたか？
松崎：行きました。結構面白かったのですが、塀などが周りに多く、町から浄水場が見えていないのは問題だと気づきました。名古屋市という都会の中にあっても広い敷地に水があることを知らない人が多いと感じるので、浄水場型農場で顕在化されるのはそれだけでも意味があるのではないかなと思います。
小粥：私も水のことを調べていたので、気になっていたテーマでした。今後実現していくと良いですね。

▶ P.66

和祐里賞

Project
昇華する空間

ID135
水野 豪人
Taketo Mizuno
［福井大学］

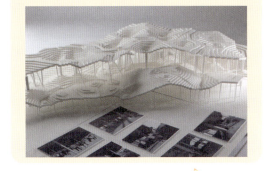

Presentation
水野：現在、○○館や○○室といった、そこでの振る舞いが決まりきった「○○のための」建築で飽和状態であると感じます。

このような「○○のための」建築の連続は、人の振る舞いを強制し、建築が人を支配している状態とも言えるのではないでしょうか。また近年、社会のテクノロジーの発展などにより、専用の場所の存在価値は薄れつつあると考えています。場所の在り方はもっと軽くて良いのではないかと考えました。

場所の在り方を軽くするために、設計者の想定通りに人が受動的に振る舞うのではなく、もっと能動的に考えて振る舞うことで初めて空間として完成するような、設計者と使用者の双方向的な建築空間のつくり方を考え、空間全体を点で構成します。空間全体が点で構成されると、明確な境界が現れずに場所が緩やかに規定されます。点のみで構成された空間は、場所が使用者に与えられない、使用者が関わる余地を残した未完成な空間となり、空間の使用者がこの点を自由に解釈することで、初めて完成された空間が出来上がります。

対象敷地は福井県の福井駅前です。周辺には上へ上昇するための柱や大きなボイド空間を設けるための柱など、いずれも柱に対し空間が先回りしていて、空間に従属する柱による予定調和的な建築ばかりが立ち並んでいます。そこで、この敷地に柱が立って初めて空間が現れる、柱が空間の根源となる建築づくりを行います。まず敷地にバラバラの柱が立ち並びます。この無数に生まれる領域は常に全体に開かれ、すべてが場所であり道となるでしょう。また、柱をなぞるようにスラブが覆いかかることで、柱群が平面的ではなく上にも影響を与えて凹凸のある地形を生み出します。このドミノシステムにより、いろいろな空間を自由にすることが私の展望です。

和：「○○のための場所」ばかりになっているところを自由にしたいという考え方を応援したいです。その考え方でいろいろなものをつくってほしいと思いますし、すごく共感します。設計者と利用者の双方向的な建築空間をつくる際に、利用者は何か追加していくのですか？それともこれはこれで完結していて、利用者が自由にやりたいことをやりやすい場所を選び、活用していくことで空間が生まれるのでしょうか？
水野：後者に近いです。
和：設計者がその後で手を加えることは想定していますか？
水野：この先に使用者自体が何か手を加えることはあるかもしれないです。
和：そこは許容しますか？

水野：そうですね。

和：その時に、この柱を落とすポイントは何をもとに決定しているのでしょうか？

水野：これはランダムのように思われるかもしれませんが、この平面に点を配置する過程において、繋がっているようで繋がっていないイメージのような感覚的な配置の仕方になります。その配置は1回で決めているわけではなく、何枚もレイヤーを重ねてトレースするように平面が完成されていったという設計プロセスになります。

和：その柱には、屋根を支えるための構造的なもの、なくても良い印象意匠的なもの、電線や水道管など機能が中に入っているものなど、分類はありますか？

水野：基本的には、ほぼ構造体を支えているものになります。

和：ないと立ち上がらない最低限の本数ではある？

水野：そうです。

和：機能的な部分もすべて柱に付けていますか？

水野：そうですね。その提案自体が、機能を決めるものの否定の提案になっていて。

和：本当に単純な電気を通すとか水道とかはないですか？

水野：水道はないです。

和：空間だけだから柱だけで成立するのですね。

水野：そうですね。

和：エレベーターはある？

水野：エレベーターはあります。

和：このエレベーターは、柱のボリューム的に許容できるものでしょうか？

水野：模型で表現できていないですが、エレベーターはテレスコープ形を採用するようになっています。このエレベーター自体も柱になり、それ自体を入れる柱という考え方です。

和：柱のスタディではどのようにして決定しましたか？

水野：柱の出っ張っている部分やぽんでいる部分にものを置くといった振る舞いは、私はすごく表層的なものとして考えました。家具的に振る舞うと空間として振る舞っていないのではないか、空間と対話していないのではないかと考え、いびつな形は今回採用していません。また、円柱はどこから見ても同じで、角柱は角度によって面の見え方が変わるというスタディの結果、このような形を選択しました。

和：自由にと言いつつも、設計者としてこのように使うであろうとか、使ってほしいとか、そういった狙いはありますか？

水野：狙ってしまうと、利用者の自由なふるまいを否定してしまうのではないかと考えています。

▶ P.65　栗原健太郎賞

Project
豊かにたたむ

ID162

片野 翔太
Shota Katano
［名古屋大学］

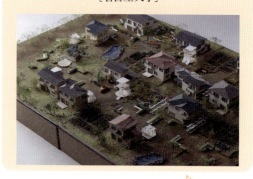

Presentation

片野：人口減少によって今後スポンジ化していく、新興住宅地のたたみ方を提案します。対象敷地は愛知県瀬戸市の里山に囲まれた新興住宅地です。

　私の提案は主に2つの柱とそれに伴う提案からなります。1つはアスファルトの隔離です。道路を土に開放します。提案2は街区の一体処理です。分譲地は本来1つである土地が細分化された状態ですが、これを1つの街区と1つの都市として分譲マンションのような権利の所有形態をとることで、街区の一体的な要素となります。

　さらに、空き家の発生状況を踏まえて、今後40年間をフェーズ1から3へと分類し、フェーズごとの人々の暮らしを見ていきます。フェーズ1では、生垣をこのようにL字に操作することで道路に滞在空間を生み出し、土になった道路に人々の活動があふれ出していきます。さらに、家と家の隙間も街区が一体的に処理されることで、人々の空間になります。フェーズ2では空き部屋に独居老人などを間借りさせることによって、空き家を生み出し、それを農地やため池、植栽エリア、広場に転用することで街区住民の福利厚生として生かします。また、各住戸に埋められている植栽は、全員のためにシェアされます。フェーズ3は、人々がその時々で好きな環境を選びながら、読書やリモートワークを行うような環境です。例えば、9月ごろには裏手側のソヨゴに赤い実がついて、それをついばむ鳥の様子を見ながら隣で読書するなどできるようになります。

栗原：すごく面白いです。建築の形とかではないシステムの話をしていて興味深い。普通は宅地1軒につき1つの所有地のようになっているところを、全部まとめて集合住宅のようにして全員で土地を所有しようという考え方ですね。

片野：そうですね。

栗原：公共的な道路が敷地模型の外側にいくことで、その敷地模型の広い敷地の中に公共の道路がいらないので、そうするとアスファルトも必要がなくなるということですね。
片野：そうですね。
栗原：それはすごく素晴らしいです。道路がない様子がこの模型ですね。
片野：はい。
栗原：これはどこが全体的な敷地ですか？
片野：これはケーススタディとして、地図の北西あたりの約20軒を取り出して拡大している模型です。対象敷地は実際400世帯くらいが密集している地域。元々は道路が2本あり、道のように見えますが住宅の裏側が間引きされることで表に出てくるという関係になっています。ですので、どこが道路だったのかが分かるという。
栗原：そうなれば良いということですね？
片野：そうです。
栗原：道路は老人が多くなるから必要だと思います。そういう意味で、この敷地の外には車があるわけで、広い敷地の範囲がどうなっているのか、どのくらい歩かないといけないのかを知りたいです。
片野：主動線が道路側になるのですが、ここまで歩くのに70mくらいです。
栗原：なるほど。ハウスメーカーがつくっている家の場合、普通は北側に寄せてつくります。北側に前面道路がある場合は駐車場を取らないといけないので、少し北側を下げるパターンはありますが、配置パターンは隣と似通っています。なので、南北の方向のどちらに何があるかというのは大体決まってくるはず。道路が無くなって南北の違いが見て分からないなかで、南側と北側の広さの違いを説明できて、科学的にもクリアできたら最高でしたね。最後に植栽の一覧模型について教えてくれますか？
片野：これは元々植栽が各住戸に植えられていて、それを調査して出したものです。例えば、植栽の一つを空き地になった場所に植え替える、樹冠が広くて木陰をつくりやすいカシを住戸から持ってきて広場に植え替えるといった移動が起きており、その植栽の一覧です。
栗原：敷地が大きくなれば、それができるということですね。

▶ P.67

吉村真基賞

Project
オケアヌスの表情

ID169
細川 明日香
Asuka Hosokawa
［名古屋市立大学］

Presentation

細川：香川県の荘内半島にある干潟海岸では干満の差が激しく、満潮の際はここまで海水に覆われますが、干潮の際は全体が砂浜になります。装置を海岸に設置することで、自然を可視化する公園を提案します。

　ポリ塩化ビニルで出来た浮きブイのようなこの装置は、海上を漂い、潮位、潮汐、風速、風向など数え切れないさまざまな自然要因によって海面を上下左右に移動します。大潮の満潮時、住宅街から海を見ると、護岸の先から顔を出し、人々に海面上昇の危険を知らせることができます。干潮時に浜辺に打ち上がった際には、風によって倒れ、座れる家具として使用し、何もなかった砂浜に人々の居場所をつくることができます。

　グラフを見ると、カーブが潮の干満、矢印が風速と風向、棒グラフが降水量を表しています。2004年8月30日に香川県に記録的被害をもたらした台風16号の実際のグラフをみると、小潮や大潮の日とは違い赤いラインを大きく超えており、高潮が訪れたことが分かります。この日の予想される軌跡は模型で表される緑の線で、最高潮位に予想される装置の位置は、模型を見ても護岸の先から大きく飛び出しており、海面上昇の危険を知らせていることが分かります。さらに自然要因は四季ごとに変化し、春は春一番、夏は強い海風、秋は台風、冬は西よりの季節風が特徴的です。

　この装置は、そうした実際に目に見えない自然要因を可視化し、人々はその様子を眺めることで季節の到来を実感したり、危険を察知したり、居場所を見つけたり、自然を機能として生活に享受することができます。装置を浮かべるだけで、人と海の関係をより良いものとすることを私は提案します。

吉村：これは潮に対して常に一定の位置にあるのですか？
細川：そうです。下に重りが入っていて、起き上がりこぼしの原理で

垂直になります。平均の満潮時には3,870mmで、堤防からちょうど見える位置で満潮を知らせています。

吉村：干潮時は全部引いたら風で倒れるという状態なのですね。

細川：模型は簡単に倒れるように下を三角錐の形にしており、残ってしまう可能性はあるかもしれませんが、簡単に風で倒れるような軽い素材でつくりたいと思っています。風で動くことも予想されます。

吉村：なるほど。

細川：海面の下が砂なので、摩擦はあるかと。

吉村：すごく面白いと思いましたが、このエリアから逃げていかない工夫はありますか？

細川：エリア内から島に渡る道があって、地面が高くなっています。模型では表されていないのですが、岩がゴツゴツした下の海面で囲まれた入り江です。

吉村：浅瀬があって深くなっている状態なのですね。水は出ていかないだろうと。浮きブイがいくつかあると思いますが、紐か何かで繋げておいて、出ていかないようにしているわけではないのでしょうか？

細川：それは今のところ検討していないです。

吉村：なるほど。この地域の人は堤防で隠れているから満潮が分からないんですね。

細川：模型の人が立っている位置から撮ったのがこの写真です。護岸の高さは1,600mmで人の身長と同じくらいになっており、住宅街から見ると全く海面が見えません。

吉村：満潮や干潮が分かるのは面白いですが、干潮の時に台風が来てブイが打ちあがってきたら怖いのではないかと少し思います。ある一定の範囲内でしか装置が動かない仕組みをちゃんと考えたほうが良い気はしますね。でも、すごく面白いです。上手い具合に倒れてくれるかは分かりませんが、倒れたら家具になるし子供が遊べるような何かになるかもしれないし。この場所は漁業とかはしていないですか？

細川：まったくしていないです。

吉村：なるほど。だからここに装置が置かれていても特に邪魔ではないですね。普段海岸はどのように使われていますか？

細川：普段はまったく使われていないです。住宅街からも護岸で阻まれていますし、良い場所なのに使われていない状況でしたので、何もない砂浜に居場所をつくろうと思いました。

吉村：海水浴とかもしていない？

細川：浅いので使われていません。向こう側は夕日の名所や浦島太郎伝説の場所として観光地化されてはいますが、実際に行ってみても観光客は少ないですね。

▶ P.64

加藤正都賞
Project
廃校再生計画
— 校舎利用による新たな可能性と映画館の多様性について —
ID171
本林 龍
Ryu Motobayashi
［東海工業専門学校金山校］

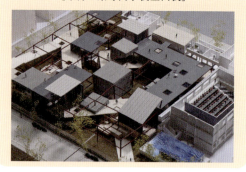

Presentation

本林：廃校になった場所を新しくして、そこに映画館をつくりたいと考えています。恋愛やホラーなどさまざまなジャンルの映画があるにもかかわらず、映画を観る空間が同じということに疑問を感じて、観る作品によって見方を変化させたいと思いました。

既存の学校は教室4つが上に2段、合計8つの教室が並んで配置されているという特徴があります。また、映画を設定・対立・解決という3つの枠で30分、1時間、30分で分ける他、15分ずつ8分割して、15分ごとに回していくなど、体育館などの学校の構造を生かした分け方をします。観客みんなで応援しながら映画を観られたり、新築でつくった家型の部分は屋根のような構造を生かして、上にスクリーンを付けて寝っ転がりながら観られたり、その上でそのまま座って屋外で映画を観たりできるようにするなど計画しました。

学校に勉強する目的で人が集まり、そこで自然とコミュニケーションが生まれるように、映画を鑑賞するという目的のもとで集まった人たちが、新しく地域を巻き込んでコミュニケーションがとれたらと考えています。

加藤：改修系ですか？

本林：そうです。

加藤：既存で大きい学校があって、それを減築しながら映画館にしながら、さらに部分的に付加する改修ですか？

本林：そうですね。減築というほどあまり減らしてはいないです。

加藤：このフレームは新しくつくりますか？

本林：そうですね。

加藤：校舎のグラウンドですか？

本林：そうです。グラウンドに校舎から柱のスパンを取ってきて、そのスパンはモジュールを決めてという感じです。

加藤：校舎のボリュームは全部劇場が入るのでしょうか？

本林：はい。校舎のほうも全部映画館です。
加藤：ストーリーの進行に従って教室を移動する？
本林：ものによってそうです。例えば『名探偵コナン』の場合、犯人は誰だろうと途中で戻ってみたり、廊下で移動しながら話したりすることができます。
加藤：なるほど。
本林：体育館は運動に適した構造を生かして、応援しながら映画が観られます。
加藤：「映画と鑑賞者の関係性を変える」という建築提案ですね、面白い。映画は好きですか？
本林：好きです。
加藤：映画好きとして映画を小分けにして観ることについてはどうですか？
本林：初めて観る映画はもどかしさがあるかもしれませんが、2回目以降の映画は途中の覚えていない箇所をもう一回観る、好きな場面をもう一度観るなど、そういう時には良いと思います。
加藤：面白いと思います。ここでは映画を通しで観ることもできますか？
本林：そうですね。新しくつくった場所では、寝っ転がりながら、ご飯を食べながら、音楽を聴きながら観られますし、いろいろな場所があります。
加藤：スタジアムやスポーツ施設におけるVIPルームのような、いろいろな見方や楽しみ方があり、エンタメの可能性を拡張するという考え方ですよね。どういう料金体系ですか？
本林：入場料を支払う料金体系です。
加藤：一度入ったら一日中いられるような、スーパー銭湯みたいなシステムですか？
本林：そんな感じです。外からは入れないようになっていて、中に入った人だけがどこでも楽しめるという感じです。
加藤：空中浮遊するマスコンクリートのボリュームや防音性能などもあるので、どこまでできるかは分からないですが、最低限の既存のリソースを使って映画の楽しみ方を変えるというのは、町興しとしてもすごくパワーのあることだと思います。

▶ P.56
橋本雅好賞
NAGOYA Archi Fes賞
Project
モノと人の結節点
— 物流・人流の拠点としての水戸駅再生 —
ID179
松高 葵生
Aoi Matsutaka
［信州大学］

Presentation

松高：物流拠点と人流拠点の双方の役割を果たす提案です。高度経済成長期から続く地方都市の高層の駅ビルに違和感を覚えており、その中には2024年問題を契機に駅の物流拠点としての役割が重要視されつつある背景がありました。本設計では2024年問題を契機に新たな物流拠点を担うコンセプト・道路作用点の発展など、衰退する地方都市の中心市街地を豊かにする旅客駅を一つの空間に融合することで、新たな中心市街地を提案できればと考えています。

設計手法は多様なスケールの内包を検討しています。物流を担うクレーンや貨物列車、フォークリフト、コンテナといったモノの動線を建物内に出すことで、既存の駅ビルから大小さまざまな建築空間が生まれます。駅に届くコンテナは、コンテナの転換拠点となることはもちろん、届いたものをクレーンで上階に運び、フォークリフトで建物内に運び、その中の人の空間でものがさまざまな役割を果たすという建築空間を考えています。旅客駅を利用する人の動線とショップの商品や食料などを運ぶものの動線が交わり、新たな交易施設が配置されます。

橋本：このターミナルは電車的な運搬以外はないのですか？ 電車を利用する貨物として、ドローンを利用した運び方も2024年問題に対する案として出てくると思うのですが、貨物も担うのでしょうか？
松高：そうですね。現在モーダルシフトと言われる動きも加速しているので、大型輸送ができるものとして駅を利用しています。既存の駅ビルが車社会により賑わいがなく、人も十分に活用できていない状況のなか、余っている空間に物流を入れて貨物駅としての機能を持たせ、駅に新たな賑わいを与えることができればと思い提案しています。
橋本：水戸が物流を担うとすれば、他の駅も同じようになる可能性もあると思いますが、この仕組みが今の物流を担えるとすると、どのく

らいまでカバーできるというビジョンはありますか？ 例えば、コンテナとかを海から持ってくることもできそうですし、どこまで運んでいくかも考えていますか？

松高：転換拠点となると考えています。電車の輸送は小規模輸送に向いていると言えるので、例えば近場で言うと東京駅と物流して、東北や九州まで貨物駅として機能するなど、建築・物流・人流の拠点を一つにしようという提案がここから波及する。他の場所でも同じような建築ができたら良いなと思っています。

橋本：なるほど、面白いアイデアだと思います。

▶ P.92

植村康平賞
Project
家族の壁
— 互いの理想的な距離を体現する壁による自邸リノベーション —
ID184
鈴木 佳那子
Kanako Suzuki
［大同大学］

Presentation

鈴木：本設計は、家族間の良好な距離を保つための壁から始まる自邸リノベーションです。私の家族の距離感は異様に近く、隠し事があってはならないという考えが先行しているため、対面での関係を求めます。例えば、入浴中であっても窓を開けて話しかけてくることもあり、年齢から来るものもありますが、私にとっては距離が近すぎると感じることが多々あります。窓やドアを無断で開閉する行為が、自宅の計16箇所にも見られました。これらがリノベーションを行うことにしたきっかけです。内容としては、多角的な視点から壁を構成する要素を収集し、それらを配合することによって壁に対する主観をさらに先鋭化させ、家族間の良好な距離を保つため、新たな家族の壁を模索するものです。

はじめに16箇所の壁それぞれの構成要素を元に、計7人の建築学生が環境形状知覚素材を軸として相乗効果を高めた計64個のプロトタイプを生成しました。生成したプロトタイプを家族の行為を阻害しないか、空間の維持に支障をきたさないか、実現化が可能なものか、行動を受ける側が許容することができるかという評価基準に従い評価します。評価の高かったプロトタイプから要素を抽出し、相乗効果を狙いながら配合していきます。設計するにあたって、自宅に求められる生活機能レベルを重視したところ、数々の理想と現実のジレンマに突き当たりました。

今回の設計に関してはあくまで今考えられる最適解の一端に過ぎません。それによって壁の認識が人に与える影響は無限大のものだと感じました。

▶ P.62

淺沼宏泰賞
Project
TRANSFER SQUARE
― 品川駅舎再編計画 ―
ID187

飯田 柚紀
Yuzuki Iida
[名古屋大学]

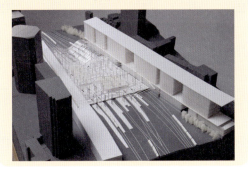

Presentation

飯田：「TRANSFER SQUARE」と名付けた新しい駅舎とその周辺の計画を行いました。品川駅は日本の玄関口として知られていて、2027年にはリニアが通るなど、交通の要所となっています。鉄道用地が非常に多く面積を取るため、緑の分離やまちの分断が問題となっていると考えました。また品川駅では高輪ゲートウェイから再開発が行われていますが、この再開発ではこれらの問題が解決されていないと感じ、私はカウンタープロポーザルとしてこの計画を提案します。

既存計画では、新設される道路に対してとって付けたような道路がつくられ、木の上にバスターミナルがつくられています。そうではなく、道路からビルに直接バスターミナルを引き込んでバスをビルの中に持ち込み、シンプルな見た目と移動しやすい動線計画を考えました。高輪ゲートウェイ側のビルでは、まちの建物の高さと合わせて横断歩道や坂からの景色を考慮し、建物をずらしてボイドをつくります。そのボイドや地上部分を緑化することによって、高輪ゲートウェイが一体となった北方向の緑を考えました。

駅舎部分では、既存のホームに柱を建てて、その上にすべてが改札内にある「TRANSFER SQUARE」と名付けた大きな乗り換え広場をつくり、まちの人が通るブリッジをつくって東西方向を繋げ、緑あふれる空間にします。その上にGlass Shedをかけて、人の多い入口付近では屋根を高くし、人の高さに合わせて屋根の高さが変わる三次元曲面をもっています。また内部は、天井が高い明るい空間を生かして、柱に表示することによって、海外や新しく来た人でも分かりやすい日本の玄関口としてふさわしい空間を設計しました。

淺沼：飯田さんはチャレンジャーですね、素晴らしいと思います。品川の今の再開発によく当て込んできたなと。

飯田：そうですね。

淺沼：自分なりの答えを出そうとアプローチしたというのがすごく良いと思いました。バスなどはどのように整備しましたか？ 品川駅はいろいろな機能を持ち、交通結節点でありながら人の動線が複雑だと思うのですが、そこを模型を使って教えてください。

飯田：道路の部分が設計できていないのですが、まず道路に対して高速バスはビルの中に突っ込んでいきます。既存計画では大きな地盤をかけてしまっていますが、そうすると道路が暗くなると考え、私はそこに地盤をかけるのではなくブリッジをかけて次世代ターミナルへ直接行けるようにしてまちと繋ぎました。

淺沼：何を「次世代」と考えていますか？

飯田：セグウェイや自動運転のモビリティです。既存計画では、大きな地盤の上に次世代ターミナルが予定されていたのですが、私の提案ではビルの中に次世代ターミナルを取り込んでブリッジで繋ぎます。そして、駅の高さを用途によって分けていて、3階レベルにバスターミナルを設計し、駅を利用している人は2階レベルで電車の乗り換えを考えています。

淺沼：ホームの上に地盤が一枚いるのですね。

飯田：そうです。地盤をつくっています。

淺沼：コンコース的な要素ですか？

飯田：既存のコンコースはチューブ状なのですが、大きく1枚の地盤にすることによってたくさん人が集まり混雑しているのを解消します。大きい地盤で明るい空間にしようとしました。

淺沼：飯田さんは関東出身の方ですか？

飯田：はい、東京出身です。

淺沼：朝の品川は寂しい光景ですよね。サラリーマンなどが同じ方向に高輪ゲートウェイのほうから歩いて来るという。それがかなり大きく変わるのですね。

飯田：そうですね。

淺沼：地盤の上にはどんな用途が入りますか？

飯田：この地盤の上にはイベントスペースやストリートピアノをする場などの人々の溜まり場や、緑の空間を合わせてつくることによって、人が集まる空間と動線の空間などを考えています。

淺沼：最近は、将来的に空を飛ぶ車をどこに駐車するかなんてことも考えますよね。

飯田：それは屋上で考えています。

The 1st day
作品講評
Work Review

伊藤敦賞：ID115 牧 嘉乃 「山を建てる」
伊藤：山を建てるという、山をデザインの手法にした所に個性と面白さを感じました。それと結びつけたのが裁判所で、すごく絶妙な難しい建物にチャレンジされたのではないかと思います。裁判所の空間構成に山のコンテクストをどのように絡めたのか、もう少し具体的に説明してもらいたかったです。

野中あつみ賞：ID124 山本 明里 「ポッケ ミッケ」
野中：山本さん自身の体験ということもあり、非常に丁寧に調べて「こういう場所があったら良い」と考えながら製作したことが感じ取れました。その反面、全体として均質化しているような印象を受けました。もう少し感情の起伏に応じた強弱の強い空間や、何か暗い場所や高さが違う場所があっても良いですね。シートの一番下も全体的に明るい同じような広さなので、その辺りにもう少し建築側で多様性を出してあげていると、もっと自分の居場所を見つけやすいかもしれないと思いました。

小粥千寿賞：ID125 松崎 朱音 「浄水場型農業のすゝめ」
小粥：私は建築がまったくの専門外ですので、皆さんと見ている視点が違ったかもしれませんが、私たちは普通に水道水を飲んでいてそれがどこから来ているかを日常の中で気にすることがほとんどありません。食べ物についても私たちは生産から離れた都市生活を送っていると思うので、私たちの暮らしで距離ができてしまっている飲料水と食を新たな建築的なもので提案したところが面白いと思いました。

和祐里賞：ID135 水野 豪人 「昇華する空間」
和：「人がもっと能動的に考えて振る舞う空間をつくりたい」という考え方の部分を評価しました。ただ、作り手は利用する人に任せすぎてはいけないと思います。双方向的な建築空間を実現するためには、深くリサーチをして自分なりの仮説を立てて検証し、そこで何が行われたかという実験を経て、寸法を決めていくというように何度も回していくプロセスが必要になります。柱を落とす配置、関係を決めるところにもう一歩説得力があると良かったです。

 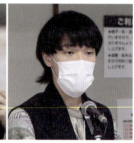

栗原健太郎賞：ID162 片野 翔太 「豊かにたたむ」
栗原：私がこの案で面白いと思ったのは、建築に関してほとんど何もしておらず、戸建て住宅の個別の敷地を全部ひとまとめにして、大きい敷地にしたらどうなるかという考えを提案されていることです。建築をほぼ触っていないというか敷地を触っただけみたいな。操作の結果、敷地内のアスファルトの道路がなくなり地面が復活し、その大きな敷地で戸建て群が集合住宅化されることが、非常に面白いなと思いました。車は敷地内に入れなくて、敷地の外に停めるしかない感じになってくるだろうと思います。敷地に塀や生垣はないのですが、もしかしたら「ここからは入らないで」という仕切りにできるかもしれません。そうすると、敷地のどこかに門扉が出てきて、そこの集住の人だけが使える場所に変わっていくかもしれないですね。そうなるとマンションの場合は、インターホンやポストなどがその辺りに集約されることが想像できます。また敷地内のアスファルトを取ることで、気温の上昇が少し緩やかになったり、雨水を吸収したり、地面が増えたりといったことも想像できます。これを建築の案かと言われると難しいで

すが、建築学科の人が考えたということに私は納得できました。

吉村真基賞：ID169 細川 明日香 「オケアヌスの表情」
吉村：すごく良い提案だと思いました。建築に何ができるのかと、私もすごく考えます。人間にとって場所があるということは本質的に重要なこと。そして、その建築の非常に初源的な役割として、自然と人間社会の間を調停する役割があると思うのです。この提案はかなり最小限の手数で人間と自然の間を調停する装置をつくっていると同時に、干潮時には居場所もつくれるような、両義的なものをつくっていて、オブジェクトでありながらそれがある種の人間の居場所をつくるきっかけにもなる、かなり優れた提案だと考えています。いろいろ改善点はあると思いますが、非常に少ない手数でさまざまなものを発生させている提案だと感心しました。

加藤正都賞：ID171 本林 龍 「廃校再生計画」
加藤：個人的に一番ワクワクした提案でした。最後の自由巡回の時間でもお話させてもらいましたが、やはりシネマ空間は画一的だなというのを、この提案を見て改めて気づきました。改善点もいくつかありますが、シネマのエンタメ自体を拡張していくような良案だと思いました。また、廃校とシネマは意外と相性が良いなとこの案を見て思います。例えば、市街地にある廃校になった場所に、人々がエンタメを軸に戻ってくるというようなストーリーは魅力的だと思いました。インドでボリウッドを観ていると、ワイワイガヤガヤ言いながら観ているのですよ

ね。そういう映画と観る人の関係やさまざまな楽しみ方を提案しているのもすごく印象的でした。

**NAGOYA Archi Fes賞／橋本雅好賞：ID179 松高葵生
「モノと人の結節点」**
橋本：単純にすごくワクワクしますし、こういう駅の在り方と物流との組み合わせが良かったです。そこに商業が入ってきてもワクワク感が高揚感になり、物欲にも繋がりそうです。ターミナルでありながら人のいる場所も構築できているという展開性が秀逸に見えます。こういう提案はよくありそうな気もするのですが、それらが整っているなかで中央にあるクレーンで象徴性を出し、ここに行きたい感覚になれるところが良いですね。安全性や法規的には考慮すべきことがありますが、こういう提案が生まれることによって社会問題を解決する一つの考え方を担っているところも良いと思いました。

植村康平賞：ID184 鈴木 佳那子 「家族の壁」
植村：本来は家から出て一人暮らしをすれば済む話かもしれませんが、家族のことを嫌いなわけではなく、むしろ大好きでリスペクトもあり、いかにして良い距離感をつくれるかというところに取り組んでいる、すごく愛のあるテーマだなと思いました。空間をつくり出す手法は多種多様なパターンがあり、決して距離を遠ざけたいという提案だけではなく、おばあちゃんと一緒に食卓を囲んだり、コミュニケーションを誘発するような壁があったりします。限られた空間の中で、新たな家族との距離感や関係を築けるささやかな操作がされており、大変魅力的な空間と暮らし方の提案ができているなと感じました。

淺沼宏泰賞：ID187 飯田 柚紀 「TRANSFER SQUARE」
淺沼：こういった設計の課題では「何を課題として捉えるか」というところから始まると思うのですが、いろいろな視点で捉えられると思うのですよね。飯田さんからはここを提案したというチャレンジ精神のようなものを感じました。2027年のリニア、現状の品川駅については私も少し寂しく思っています。ボイド状のチューブの部分にサラリーマ

ンが同じ格好をしてリュックを背負い、少し下を向きながら右と左に分かれて、面白みもなく軍隊のように流れていく通路に一石を投じようと、周りで再開発をしているなかで「私ならこう開発する」というそのチャレンジ精神が高評価で印象に残っています。今あるビルを壊して同じ面積、ボリュームをどう繋げるか、新しいリニアの駅とどう繋げるかということへの模索。そして今の品川駅がハブの結節点として、日本だけでなく世界の中で品川駅がどういう駅であるべきかという提案ができていると思います。

審査結果

10名のファイナリストと10名の審査員による公開審査の時間を経て、1人3票の投票が行われた。審査員による多数決では票数の差がなく接戦となり、3票の中で順位付けをする加点方式での投票を再度実施。最後に得票数の多いファイナリスト（115、162、179）で決選投票を行い、ID179松高葵生さんが NAGOYA Archi Fes 賞を受賞した。

【一回目投票】

	植村	小粥	加藤	栗原	野中	和	吉村	淺沼	伊藤	橋本	計(総得点)
115	○		○			○			○		4
124								○		○	2
125		○									1
135					○						1
162		○	○	○	○	○					5
169				○	○		○		○		4
171	○		○				○				3
179					○		○	○	○	○	5
184	○	○		○						○	4
187								○			1

【二回目投票】

	植村	小粥	加藤	栗原	野中	和	吉村	淺沼	伊藤	橋本	計(総得点)
115	2		2			1			3		8
124								2		1	3
125		3									3
135						3					3
162		2	1	3	1	2					9
169				1	3		3		1		8
171	1		3				1				5
179					2		2	1	2	3	10
184	3	1		2						2	8
187								3			3

【決選投票】

	植村	小粥	加藤	栗原	野中	和	吉村	淺沼	伊藤	橋本	計(総得点)
115	○		○						○		3
162		○		○		○					3
179					○		○	○		○	4

31

2024 3.13 Wed

The 2nd day of
NAGOYA Arch

2日目は、5名の審査員がプレゼンテーションと質疑応答を受けて、ファイナリスト8名を選出した。公開審査では、審査員を交えたディスカッションを実施。1作品ずつフォーカスを当て議論を繰り広げた。
　最後に審査員による講評が行われ、最優秀賞、優秀賞、個人賞が決定。2日間を通してホームページによるオンライン投票が行われ、最も多くの票を獲得した出展者がオンライン賞として選出された。
　多種多様な作品により、建築に対する幅広い議論が展開された本展。学生たちの卒業設計は、まだ見ぬ宇宙のような可能性を秘めているに違いない。

Fes 2024

The 2nd day
プレゼンテーション & 質疑応答
Presentation, Question and Answer Session

▶ P.70

最優秀賞

Project
モスタル再編構想

ID149

勝見 さくら
Sakura Katsumi

［名古屋工業大学］

古谷：民族を越えて繋ぐ橋のルートを広場や中央広場ではなくて、この1本のルートで結んだのは良い考えだと思います。この場所の選択はどのように行いましたか？
勝見：18個拠点となるような建物を選定しているのですが、それぞれの位置に対してアクティビティの拠点となるような場所です。
古谷：ルートそのものはもともと道があるのですか？ それとも無いところに道をつくっていますか？
勝見：高架になっており、既存の道より上のレベルで繋いでいる形です。

金野：これはサイズ感などを決める時に、地元の人のアクティビティや建築の言語など尊重しているものはあるのですか？
勝見：特に一つのルールをつくっているというのはないのですが、それぞれの部分が敷地に対してどういう機能や形、大きさが合っているのかを一つずつ考えました。
金野：一番特徴的な部分はどこですか？
勝見：公園は高さが600mmくらいで低くなっており、出入りを促すように計画しています。
金野：このたくさんある場所をどのように選び、手を加えているのか、全体の方法論があれば教えてください。

勝見：道の上に18箇所選んでつくっているのですが、日常の中で使われているその町の活動拠点となっているような場所を選んで、全体を繋げていきました。
金野：全部床を上げていますがその意図は何ですか？
勝見：川で分断されている現状から、地理的な要因で分断を増幅させているような印象がありました。既存の道とは別のもう一つ新しいレイヤーをつくることで、どちらにもよらない第3の場所にしたいという気持ちで高架にしました。
金野：道の幅などは比較的一定で均質にも見えるのですが、なぜ道という形式が重要だったのか。道とボリュームの関係についてもう少し教えてください。
勝見：「町の中である種のアイコニックな存在になって欲しい」「オブジェ的なものとして見るだけで消費されたくない」という気持ちがありました。アイコンとして存在すると考えた時に、一本の道が町の中を駆け抜けていくというイメージがあり、それを想像した時に道を先に考えるという順番でこのようになりました。

サリー：この建築は今3つの宗教が対立しているような歴史を抱えているということですが、立体的にどのように境界面を解いたのかが気になるので、断面性について教えていただけますか？
勝見：高さに変化をつけることで、場所に応じた人の動きを取り入れるようにしています。
サリー：町の上を横断しているのですね。立体的に引かれている国境はないと思うので、それを立体的に横断するもので繋いでいるのが良いなと思いました。猫や鳥などは国境関係なく動きますし、本当は能動的に動けるはずの軌跡みたいな感じがしたので良いと思ったのですが、これはどういう地区を跨いでいますか？3つの宗教の境界上にあるのでしょうか？
勝見：もともと3つの民族があり戦争前は混ざり合って生活していたのですが、今は赤いところはほとんど排除されていて……。
サリー：セルビアはなかったのですか？
勝見：はい。ほとんど都市部の中心辺りだけで人は密集しているのですが、今は黄と青が川を挟んで対立するような形で2つの民族が対立して住んでいます。平面的な分断というのは川が地理的な要因としてあり、それに対して争っていた2つが分かれて住んでいるという状態です。
サリー：今は仲が悪いのですか？
勝見：そうですね。自分と同世代の子と話した時はあまり気にしていない様子でしたが、50代〜60代は実際にこの時代を経験しているので……。
サリー：覚えているということですよね、恨みのようなものを。
勝見：喧嘩をするとかではないですが、やはり自分と同じ民族の人よりは話しづらいと。
サリー：それを横断するのですか。どのように渡らせるか、人をどのように呼ぶかはかなり重要になりますよね。
勝見：両側に別々の人が住んでいるのですが、それぞれ拠点を置いている18箇所はこの町に住む人の生活の拠点となるような場所を選んでおり、それを拡張していくような形で日常の生活動線から気づいたら普段は行かない逆側のほうに行っているようなシークエンスを想像しました。
サリー：12番から17番も生活に重要な拠点という認識で合っていますか？
勝見：はい。
サリー：9番は何ですか？
勝見：9番はバス停がこの辺りにあり待つ場所になっています。9番から12番は下がカフェになっており、ヨーロッパでは特にカフェの席が道に溢れ出ているような風景が多く見られます。大通りなので席が道に出てくるような動きがここにはなくて、それを上に持ってきてテラス席として提供している形です。
サリー：これは商業施設ですか？
勝見：これはもともと廃墟で、紛争でボロボロになり使われていなかったのですが、非常に見晴らしが良い場所で大きい通りになっています。立地は良いのですが、こういう状態で放置されて使われていないところを通れるようにすることで利用しています。

島田：全体像はここにしかないわけですよね。このプランは基本的には空中を飛んでいるということですか？
勝見：そうですね。この辺りだと高くても逆に良くないので低いレベルで、ここだと4mは高いレベルです。
島田：水平にあって地形が上下しているわけではない？
勝見：はい。途中で高さを変えているのですが、敷地の機能や使われ方に応じて高さは変化させています。
島田：プロムナードはこの中に入り、屋上までがプロムナードになるということですか？
勝見：ここを通ってくる人以外も下から入って来られるような螺旋階段をつくりました。
島田：このオレンジ色の部分は何ですか？
勝見：展望台です。町全体が山に囲まれており、その印象が残っていたので山を眺めるような展望台をつくりました。
島田：これは？
勝見：これはテントです。楽しくポップに楽しめるような場所としてつくりました。

▶ P.76

優秀賞
Project
山を建てる
―山的設計手法による裁判所の計画―
ID115

牧 嘉乃
Yoshino Maki

[愛知淑徳大学]

金野：裁判所はかなり特殊な建物だと思いますが、なぜ山から裁判所を連想されたのですか？ ビルディングタイプとしては、いろいろな可能性があったと思うのですが。

牧：最初に山は決まっていて、山というのは威厳があり親しみを併せ持つものだと捉えたので、威厳というポテンシャルを持っている建物に山を介入させることにより、親しみを持たせることができると考え裁判所を選択しました。

サリー：遠近中景の山的な手法を裁判所に適応することで、ここを利用する人へのどういう良さがあるのでしょうか？

牧：裁判所は傍聴人が入るのにハードルが高いものとなっており、山道の体験というのを豊かにすることで裁判への心持ちを変えるようにしています。

サリー：気持ちをつくっていくためのシークエンスということですか？

牧：はい。

島田：裁判所を考えた時に、山とどちらが先でしたか？

牧：山が先です。

島田：山みたいな建築をつくろうという時に、裁判所が招聘（しょうへい）されたのはなぜですか？

牧：山は荷台があって親しみがあるものと捉えているため、現在権威的でありすぎるものを山によって溶かしていこうと思い、裁判所を選択しました。

島田：これは何ですか？

牧：直射日光が入る室になっていて、山の開けた場所の体験を表現するものになっています。

島田：用途としては多目的で合理的なものというか、用途がない場所なのですね？

牧：用途はありません。

島田：群のような造形はどのように決まっているのでしょうか？

牧：この造形は傾いた壁というルールが出てきたのでそこから派生しています。傾いた壁の形態スタディとしてあまり恣意的につくりたくなかったので、豆腐の切断から引用して柔らかさによって自己崩壊したり、ギリギリの状態を保っていたりという斜めの壁を引用しています。

島田：自己崩壊寸前のところというのは例えばどこでしょうか？

牧：中央の8個のブロックに応用しているのですが、例えば目の前にせりだしてきているような壁が下まで続いており、それが下を歩く傍聴人にとって少し緊張感を与えるものになっています。

島田：ガラス張りになっている部分は何ですか？

牧：裁判によって性質が違い、事務的な裁判もあれば世界に発信するような裁判もあるので、その性質によって分けています。現在の裁判所というのが閉じられた環境で行われており、閉じすぎていると思ったので公にするところは全部公にしてしまおうという気持ちで開きました。

高野：私は空間がすごく良いなと思ったのですが、動線の話とは別に空間体験というのはそれぞれの人にとってどういう意味を持つものとして考えているのですか？

牧：今の裁判所は多目的な空間だとただのホールになってしまっていますが、人の心情ごとに合わせて設計することがこの計画のポイントになっています。

古谷：オルタナティブを考えるということはそれで一つのテーマになるのですが、今までの裁判所が持っている「何か物を打ち破っていく」というのに山の手法を講じるというのは、山がサブであれば分かります。それよりも山がメインのほうが面白いので、そうすると題材は裁判所でないほうが良かったのではないかと思います。

牧：実を言うとまったく別の興味から来ていまして、もともと山がやりたかったのですが、山的設計手法は何にでも適応できるものとしていたので、自分の好きなものをつくろうと思い裁判所を選択しました。

古谷：それでしたら都市の中にある裁判所に山の手法を生かすとどうなるのかといった、よりハードルの上がるチャレンジになれば良いと思いました。山の中に裁判所を持ってくるというのに少し違和感があります。

牧：山的設計手法で一番解くのが難しそうなものに挑戦したいという気持ちがあり、集合住宅などは割と転用しやすいのではとも考えました。

古谷：東京の最高裁判所などを山的手法でやるとこうなるとか、そこまで挑戦してみるのも良いかもしれませんが、力作だと思います。

▶ P.80

優秀賞
Project
ポッケ ミッケ
―きょうだい児と不登校児のための1kmの居場所―
ID124

山本 明里
Akari Yamamoto

［名古屋市立大学］

金野：この施設は誰が運営しているのでしょうか？
山本：大人が常駐している施設になります。

高野：非常に大事なテーマだと思いました。ケアのための空間として一番大事なことは何でしょうか？
山本：自分で選べることだと思います。

サリー：潜っているところがどちらかというと籠りたい時の場所ですよね？
山本：そうです。ゆったりとしたクローズ式の場所です。
サリー：高くなるとスケールが大きくなるのでしょうか？ みんなと交わりますよね。
山本：中学校側が友達同士で集まっているコミュニティで、駅側がたくさんの人が来て散らばっている場所なので、スケールが広いところと狭いところがあります。

島田：Cで言うと階段を上がってきてその先はどうなっているのですか？
山本：2階のレベルにそのまま繋がっています。学校に対して少し背を向けられる壁で隔てています。
島田：こちらが学校でしたよね？
山本：はい、中学校です。ここが通学路になっていて突き当たるところです。
島田：下に潜っていくのは何故ですか？
山本：Bの敷地がプライベートの空間で、不登校の子が一番初めに家から一歩踏み出すプライベートの空間として一番ライトにしているところです。その子たちが家ではない場所に出てこようとした時に、レベルが上がったり同じレベルだったりするよりは、下がったほうが精神的に入りやすいのではないかと考えました。GLレベルなのですが、見えづらく少し囲われているため下げています。
島田：なるほど。その人たちはどこから入ってくるのですか？
山本：緑道は主に地域の人が使う場所なのですが、そこから住宅のほうが奥まった入口となり、回ってこちらがドアの入口になっています。

▶ P.84

金野千恵賞
Project
Floating Bamboo-Platform
―バングラデシュ・ハオール地域における伝統農法を用いた水上農村計画―
ID186

福井 奏都
Kanato Fukui

［名古屋大学］

古谷：もうすでにこういう浮いた家がかなりあるのですか？
福井：陸地と繋がらずに浮いているという建築はありません。
古谷：カンボジアのトンレサップ湖の浮体の住宅は知っていますか？ あれは完全に浮いていて、なぜ浮いているかと言うとトンレサップ湖は雨季と乾季があり、水の面積が変わって住宅間が遠くなってしまうからです。
福井：この地域もそうです。
古谷：これもそれと共通しているものがあるのですか？
福井：雨季は完全に水没して、乾季には大地が現れます。
古谷：そうですよね、面白いです。

金野：フロートにする理由は何でしたか？
福井：今は微高地に集落を形成しているのですが、面積が少なく、将来的にさらに海面上昇することによって被害が出てしまいます。
金野：今は大丈夫だけど、将来の予測を踏まえて、ということですか？
福井：そうです。人口過密で逃げ場がないので、微高地に逃げるまでの過渡期で一時的に暮らせるようにしています。
金野：この建築のモジュールの決め方や、部材の考え方を教えてください。
福井：畑が1m×6mが基本単位というのがあり、6mというモジュールを取ってやっています。
金野：これが6mですか？

福井：この畑です。それが今2本分なので、1m×12mなのですが、その中で12をとって、例えば24m。
金野：部材のモジュールについて考えていることはありますか？
福井：ここの高さで決めています。まず住宅と集会施設の差をはっきりさせるために、住宅は3m。そして集会施設は5、8mという形で、差をつけるため1m単位にしています。
金野：何人くらいで建設するか、一人で持てるサイズ感はどれほどかなど、構法や施工に関する考えは頭にありますか？
福井：これは今1本でやっているのですが、実際は長さの限界もあるので、2本を結んだ工法が取られます。
金野：つくり方から建築のサイズ感やプロポーションができていると明快だと思いますが、あまり考えていなかったですか？
福井：そうですね。
金野：この船上の畑も魅力的です。これは動くのですか？
福井：はい。
金野：これらが合わさった時と、個の時の活動は想定が違いますか？また、フロートは動かない想定ですか？
福井：4つの機能が1つになっているのを想定しています。普段は固定して、船で牽引もできます。流れていってしまうので固定はします。

サリー：このフロートしている竹造建築の拠点はありますか？
福井：3〜4mの構成で地面に突き刺して固定させて、それを拠点としています。
サリー：流れはしないのですね。基本的にここにあるということですか？
福井：そうですね。基本的には固定することもできますし、意図的に流すこともできます。
サリー：フロートとフロートの交流など、本土との交流は船ですか？
福井：移動は船です。
サリー：水上農法というのもあるのですね。

島田：なぜバングラデシュに注目したのですか？
福井：海面上昇の被害をすでに受けている地域でした。さらに近代のオランダなどの都市でも海面上昇等の被害があるので、それに対応できるものをという意味でつくりました。
島田：住宅と集会施設があって、例えばどれが住宅でどれがモスクなのですか？
福井：3つが住宅で、こちらが集会施設です。
島田：どうやって移動するのですか？
福井：小船で行きます。

高野：非常に面白い提案ですね。浮いている生活形態というのはあるのですか？
福井：バングラデシュでは伝統的に低地で、雨季になると水没する地域が多いです。水の上や高床の伝統的な地域ではあります。
高野：このフロートした状態で住んでいる集落は世界的にあるのですか？
福井：完全に陸と接しないで集落を形成して住んでいるというのはなく、浮かせて集落を形成していこうという現在の動きの中で、自分はバングラデシュに建てていったという形です。
高野：なるほど。フロートしたもの同士などは動き方の制御はできるのですか？
福井：船で牽引して動かせます。
高野：インフラやトイレなども含めて、何か困ることは出てきますか？
福井：現状考えたのは、「チューブ井戸」という水面下に水槽や浄化槽などをつけて、トイレは一旦そこに貯めて回収船で運ぶという形をとっています。電気は太陽光です。
高野：なるほど。浮力は計算しているのですか？
福井：計算しています。
高野：畑などもあるのですね。そういうものもフロートしている。
福井：これは元々あったというより、バングラデシュに繋がっているものでできる感じですね。
高野：フロートすることの良さはどういうことなのでしょうか？
福井：この土地では船の中に学校があるような、そういうものが伝統的に行われている地区で、海面上昇にも耐え得るという意味で安全です。
高野：何らかの水に対しての対策をしなければ、この集落は成り立たないということですか？
福井：成り立たなくなるだろう、ということですね。
高野：なるほど。上部構造はその地域の竹ですか？
福井：そうです。
高野：つくられ方には何か工夫がありますか？
福井：伝統的に紐で縛るというものがあります。表現はしきれていないのですが、紐で結んで……。
高野：現地には行きましたか？
福井：行けていません。

▶ P.88

サリー楓賞
Project
水ぎは、すこし灯りて
―小集落における地域共同発電を核としたまちづくりの提案―
ID142

久保田 華帆・益田 大地
Kaho Kubota・Daichi Masuda

［愛知工業大学］

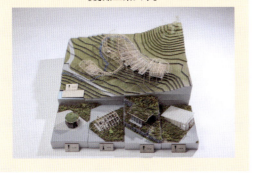

古谷：この施設と他の小屋との位置関係はどうなっているのですか？

久保田：小屋についてはそれぞれが1つの同線上になるように配置をしていて、その先に今回の大規模な1つの施設があります。

古谷：やはり完成した時の全体像がどう機能するかが大事になると思うので、それは表現してくれたほうが良かったですね。

サリー：実際に発電をすると収益が出てきますよね。売電によって生まれた収益というのは儲けの共有にもなると思うのですが、儲けたお金は村でどのように采配するのかは考えていますか？

久保田：売電したのちに、すべて集落のまちづくりの資金に充てることを考えています。利活用の小屋や蔵といった、地域資源で使われていないものに対して充てるという考えです。

サリー：売った儲けによって共同体意識ができるところに可能性を感じました。電気を使う、売るという過程についてもう少し詳しく聞いても良いですか？

久保田：元々の集落にある「結の精神」のような、身近な人との関係性をどのようにつくっていくかというものを核として発電機を置いていこうというのが今回の提案です。実際のまちづくりの方法としては住民主導と言ったのですが、外部の人が外で発電をしても電気を受け取れるという間接的な発電事業ではなく、基本的に町の人が集落の中で発電をします。それにより集落の今いる世帯の人達に対して配給され、かつ大型発電機を置くことで必ず余る電気があるというのは計画上予測できるので、余った電気をすべてまちづくりに充てていき……。

サリー：外部に売るということですか？

久保田：売ったのちにその資金を充てていきます。実際に想定しているのは、この集落自体の過疎化が進行しており空き家が非常にたくさんあるというところで、売電したら観光に対しても少し資金を充てていきます。また、設計上ハザードマップを見て発電機を置く場所を安全なところにすることは意識しており、この集落にある2つのコミュニティセンターはどちらも使われていない状態かつハザードマップ上は危険なところにあるので、コミュニティセンターを移転して新たに整備することも考えています。

サリー：今ここにあるのは発電関係の施設で、次のステップとして移転についても考えているということですね。

金野：水を模した屋根というのはどういうものですか？

久保田：最初は9つの小屋になるのですが、最終的には大規模な発電機を入れます。小屋のモジュール感自体を捨てるのは違うと思いますが、コンテンツとしては発電機+αで入れたいものがいくつかあったため、同一敷地内でそれぞれ分棟配置し最終的に水を模すような流動的な屋根をかけることで一体感を持たせています。

金野：この水はどこかに集めて使うのでしょうか？

久保田：そうですね。地下にパイプを通して川に流すのは良くないので、町に流していくことにしています。

金野：屋根は水の流れを模していますが、その水を集めている形に見えないのは少し残念ですね。

島田：それぞれの外壁が違うのは、どういう意味があるのですか？

久保田：2つ以外はもともと既存の小屋があり、そういったもとからあるものの歴史をマテリアルで尊重していくことを考えて素材を変えています。

島田：青い部分はどういう意味が？

久保田：これは農業のネットでできています。

島田：一番新しい建築は宿泊施設になるということですか？

久保田：発電機や宿泊施設と、町に近づくにつれて人々が使えるようなランドリーカフェやマルシェを設け、水が流れるところに対して空間を開いていくように設計しました。

高野：発電機と建築の絡み方はどうなるのでしょうか？

久保田：規模によって変わるのですが、小さいものに関しては3つのモジュールに合わせて円形になっているものや、いわゆる水車のような景観として回っているもの。あとはもう少し小さい長方形のようなものをそれぞれの小屋の中で、モジュールに合わせてそれぞれ3タイプを9つに分けるという……。

高野：発電は機械か人力のどちらですか？

久保田：機械です。

高野：発電にもさまざまな形があるのですね。その関係にも興味があります。

▶ P.92
島田陽賞
Project
家族の壁
―互いの理想的な距離を体現する壁による自邸リノベーション―
ID184
鈴木 佳那子
Kanako Suzuki
［大同大学］

古谷：壁についてもう少し説明をお願いします。
鈴木：そちらは、この壁1に関する他の回答であり、プロトタイプの配合結果としてはまだ他の可能性があります。今回の設計に関してはあくまで現状の自宅に考えられる最適解の一端でしかないので、今後もこういうパターンをつくることができるという一例として挙げています。
古谷：なるほど。これは現実にあるあなたの家なのですね？
鈴木：はい。
古谷：ファミリーヒストリーというか、家族の生態のような実感がこもっているのは面白いですね。しかし、卒業設計なのでもう一段階プロトタイプ化するというか、自分の家だけでなくても通用する手法に昇華できるともっと良いと思いました。
鈴木：他のパターンの家でもつくるということですか？
古谷：そうです。これは一例として自宅で良いのですが、こういう汎用性のあるモデルとして、少し自分のボキャブラリーとしてつくっておくと良いと思いますね。

金野：ここには何人の人が住んでいるのですか？
鈴木：6人です。
金野：今回触ったのは、この辺りに集中しているのでしょうか？
鈴木：こちらに和室や客間、寝室が多く存在しています。生活空間で問題に挙がるのは、この住居に必要な機能の入っている、この辺りです。

金野：こちらにも住んでいるのですか？
鈴木：たまにいますが、生活の機能に必要なお風呂などの機能は入っていません。
金野：必要な機能がないからあまり問題にならない、住宅の中の濃淡みたいなものが見えてくるのは面白いですね。

サリー：理想とズレはあると思うのですが、結構透けているところが多いですよね。籠りたい時もあると思うのですが、見せるのと同時に発生する、隠す際の工夫はありますか？
鈴木：こちらの壁では、斜めのブレースを使うことで内外の関係性の中間領域をつくりました。外から見た時にある方向からは目隠しし、ある方向からは見えるようになっており、この中間でコミュニティーが発生するようになっています。
サリー：角度によってその見え具合をコントロールしているのですね。

島田：理想と現実のジレンマというのは何だったのですか？
鈴木：物が多く、全部収納したり今あるものを移動させずに設計しようとしたりすると、複雑な形や意匠性に関してやれることが限られていまして。そこでいかに踏襲していくかというのを今後の課題としながら模索中です。
島田：これがその自邸なのですね。

高野：壁でこんなことが起きている、みたいなのはありますか？
鈴木：ここは集中して一人で過ごす場所ですが、外から勝手にドアを開けてズカズカ入ってきたり、変顔して立っていたりします。
高野：お話いただいた内容の他、どのようになっているか具体的に教えていただけますか？
鈴木：裏庭で祖母が趣味の園芸をしているのですが、その続きで室内に花を置きたいという理由からこちらは自室になっております。ここの窓を開けてバンっと花を置いてカーテンを開けても、花に日が当たらないので、まず小棚機能を付属した壁にし、バラなどの花を綺麗に飾るためのガラス棚をつくります。機能を付属させることで、壁を介した植栽を通じたコミュニケーションが生まれます。椅子の機能については、腰掛の機能も同時に棚部分と連続して繋がっており、腰が悪い祖母の腰休めの場所として長くこちらで作業できるようにという労り方を考慮しています。
高野：なるほど。簡単に言うと境界を一枚にするのではなく、少し付加したりふくらみを持った境界をつくったりすることで、関係性をダイレクトなものから、程良い距離感をつくるような考えなのですかね。
鈴木：そのような設計が多いです。

▶ P.96

高野洋平賞

Project

Social Infratecture
―2050年の都市の空隙に暮らす―

ID153

山田 ひな
Hina Yamada

[名古屋大学]

金野：どういう人が住むのでしょうか？
山田：一人暮らしの高齢者などです。あとは2050年なので、子どもが巣立ったあとの夫婦などです。
金野：例えば、単位を設計すると何人くらいが住めますか？
山田：100人くらいです。
金野：そんなに住むのですね。この辺りの屋根で100人ですか？
山田：ここが個室でここがベッドルームになっており、日中はここに出てきます。
金野：ベッドが重なっているのですね。
山田：今までの家が個室になるという感じです。
金野：全員がここにベッドを持っているのですか？
山田：ベッドを持てば、これまでの住居が部屋になり……。
金野：住民のためのパブリックスペースということですね。
山田：そうです。
金野：ここの土地は、もともとはこの人たちのものではないですよね。どのような論理でそれが成立していくのですか？
山田：時代としてモビリティーを使っているのですが、もともと車をモビリティーで所有しないということが前提になっています。そうなると駐車場だったところの不動産価値がどんどん低くなっていくので、そこを活用しようと思いました。今よりも土地が安くて、荒れ果てている。誰も使わないような土地でやっています。
金野：もしかしたらここもマンションの駐車場かもしれないのですが、例えばこの人の上には屋根がかかっていますよね。なぜこのように飛び地を考えたのですか？
山田：一気にボーンとできるというよりは、「ここにみんなで食べるところがあったら良いよね」という感じでつくられていて、この辺りに住んでいるというのがあります。それがどんどん繋がっていくのではないかと考えました。

サリー：モビリティーを活用しているというのが印象的で、暮らしをアフォーダンスの単位に切り分けて街に点在させ、お互いに補完し合っているような案だなと感じました。モビリティーが実際にどういう機能を持っているかというと、図書館の壁とか……。
山田：そうですね。図書館の壁や一人暮らしの高齢者がなかなか生きづらい現状を……。
サリー：時代設定の背景としてモビリティーがあるような感じですね。この街のシステムはモビリティーがないと困りますか？
山田：前提として自動車が自動運転になるので、一家に1台車が要らなくなります。そうすると使われなくなる部分があるので、駐車場だった部分にも屋根をかけておりモビリティーという設定をつくりました。
サリー：なくなった建物というのは、残された基礎ですよね？ これは要らなくなったカーポートということですか？
山田：ここは駐車場だったところです。
サリー：要らなくなったカーポートがいくつかあって、それが車のプラグインする拠点など、人がこのように入る拠点になっているのですよね。街が縮小したり、人が少なくなったりするなかで、一家に一個図書館を持つのは無理ですよね。共有することによって、またモビリティー型で街のサービスを動かすことにより、「みんなで所有できるから嬉しいもの」と「単純に人と共有するのが嬉しいもの」があると思います。カフェや公民館などはみんなで持てるから。安いから持っていて嬉しいというより、共有していること自体が楽しい・美しいということだと思いました。この移動しているものは人の想いや持ち物、暮らしの痕跡などを持ち運ぶみたいなことがあるのかなと思いながら聞いていました。本を持ってきてくれたら便利というのはもちろんありますが、図書館には誰かの所有する本がありますか？
山田：図書館はみんなで持ち寄ってきた本を置いて使っています。
サリー：既存なのですね。
山田：はい。ここは少し公的な新しい本などが来て、コミュニティと街の図書館とが一体となり、一時的に公共の図書館的な存在になったり本を入れ替えたりなど、そのようにモビリティーを使おうと思っています。
サリー：便利以上の良さは何かありますか？ 例えば、シェアライドは基本的に今もありますが、自家用車を持てたら持ちたいと思いますよね。お金がかかるからカーシェアをすると思っています。便利や安い以外の良さはありますか？
山田：そうですね。このモビリティーを別の街区に持っていき、そこでまた本の入れ替えが起きて、どんどん街がそういうもので繋がってい

41

くのではと考えています。
サリー：花粉を運ぶハチみたいな感じですね(笑)。街の面白さとか、人の生活の痕跡みたいなものを違うエリアに伝播させてくれるという良さがありますね。これはこの街区だけですか？
山田：実際はもっと広がっていきます。

島田：透明で2階が描かれているけれど……？
山田：実際にはワッフルスラブの上にコンクリートが載っています。
島田：これは何ですか？
山田：これは構造になっており、キッチンなのですがその食糧庫などです。

高野：形の決定の仕方はどのようにしていますか？
山田：なくなってしまったと仮定した家の上に屋根を載せていて、あとは人が集まって欲しいところを窪ませるなどしています。

▶ P.100

ファイナリスト

Project

煙を灯す
―煙突から始まる自然との暮らしの提案―

ID106

髙橋 知来
Tomoki Takahashi

[愛知工業大学]

古谷：製塩業そのものはここには復活するのでしょうか？
髙橋：復活する予定です。
古谷：なるほど。例えば、製塩のために必要だった姿と言いますか、それ以外の姿が全部模倣されている理由は何ですか？ 煙突や全体のことです。
髙橋：今自然というのが失われている中で、この煙突というのはただ煙を排出するだけではなく……。
古谷：それは分かったのですが、周りの形にもう少し変化があっても良いと思いました。

金野：かつてのように塩の生産が起こる施設になり、観光がメインになるということでしょうか？
髙橋：塩づくりの煙突側は、漁業や農業などの加工販売の場になります。一方で街の小さい煙突のほうは、住民が入りやすい乾燥の場の他、ギャラリーや自由工房などが入っている状態です。
金野：衰退していったものがここまで大規模に再復活するのはなかなか難しい気もしますが、既存の施設などとの関係やニーズはどうなのでしょう？
髙橋：実は今既存の施設が老朽化しており一極に固めようとしているのですが、どうしても施設ごとに老朽化していまして、ここに集中したいけれどできていないという現状です。5年以内にやりたいという市の情勢もあり、こういった計画をしています。

サリー：煙突はもう建っているのですか？
髙橋：既存ではないです。
サリー：新しくつくるということですね。用途もあるのでしょうか？
髙橋：6つありまして、中央が熱の煙突で他は音と匂いの煙突、あとは風の煙突と光の煙突です。
サリー：それをこの六次産業化の要因として使っているということですね。
髙橋：そうですね。各生業の共通項は自然資源にあると思い……。

高野：煙突は新築ですか？ 面白いと思います。煙突とこの周りの空間との絡みというのが具体的にあれば教えてください。
髙橋：基本的に美浜の暮らしが煙突の軸に絡まるように構成させていることから、屋根となったり、風を多方向に流したり、光を大きく取り込むために素材をトタンにするなど、いろいろな工夫をして構成しています。

島田：ルーバーでたくさん構成されているので、この煙突が本当に効果を発揮するのかが少し気になりました。最悪の場合、風が途中で抜けてしまいますよね。
髙橋：わかりやすいようにパースでは描いているのですが、基本的には閉じていて一部分だけを開けています。天井の部分だけを開けているような構成になっています。
島田：なるほど。機能があるものと、煙突効果だけのためにあるものという感じですか？
髙橋：そうですね。あとは風や光を取り込む煙突になっています。
島田：2.7mのグリッドというのは本当に馴染みのあるグリッドなのでしょうか？ 海苔養殖と言われても疑問が残ります。
髙橋：ここに海苔養殖の畑が広がっており、塩づくりと同じくらいの時期から行っています。冬にしか養殖をしないのですが、養殖をしな

い時期は家の柵や垣根として使うなどします。そういった自然的な意味では馴染みがあるものです。
島田：なるほど。プログラムは何でしたか？
高橋：基本的には生業の拠点と言っていますが、漁業や農業の生産、加工販売、塩づくり、あとは観光客が多く訪れるため地域住民も使えるようなギャラリーや自由工房などと煙突のプログラムを組み合わせている状態です。

▶ P.101

古谷誠章賞

Project
交錯する商と芸
ID152

浅井 美穂
Miho Asai

［名古屋大学］

古谷：この商店街に劇場を持ってくるきっかけはあるのでしょうか？
浅井：この辺りは芸能空間で芝居小屋がありました。
古谷：ここの道はもう車は通らなくて良いのですか？
浅井：もともと通っていないです。
古谷：それは良いですね。本当にきめ細かく考えられていると思います。芝居空間はもう少し表現を工夫したらどうなのかなという感じもします。芝居をしているような雰囲気のパースがどこにもないので。
浅井：こういう時代物とか……。
古谷：観客が足りないかなと思います。この道は車が通らないと言うのであれば現実性のある話です。しかし、車が通らないだけの小道はたくさんありますね。向かい合って演劇的、芝居小屋的な空間を生み出しましょうというのは非常に面白い発想だと思うので、できた効果をしっかりと描かないとダメだと思いました。
浅井：そうですね。ここのパースですと、隣の建物が刀などを販売している建物で、その既存のコンテンツを拡張した先として包囲型の建物、劇場をつくっています。通りを横断するようにファッションショーのランウェイのようなステージもあり、既存のカフェの機能を拡張したテラス席から見ることもできますし、地上階からも見ることができます。
古谷：よく考えられていますが、十分に表現されていなくてもったいないと感じました。

金野：劇場の舞台と観客の人たちのスペースがぱっと見で分かりづ

らいですね。模型のほうが分かりやすいです。全体がこのような考えで展開されているのでしょうか？
浅井：そうですね。特定の場所が配置されていたり、道を歩く人が歩く途中に何か観たりといった形になっています。
金野：もう少し上のほうも含めて立体的な視点から見ることで、より積極的につくれたのかなと思いました。発想や読み解きは面白いです。

サリー：商店街はさまざまなスピードで歩く人や立ち止まる人などがいますが、スピードとシークエンスのような、風景の流れる速さと劇場の見え方について教えていただけますか？
浅井：スピードというのは？
サリー：例えば、間口が狭いと歩いている時に一瞬だけ見えますよね。
浅井：間口が広いところに関しては、楽器を演奏するなど長い期間滞在するような場所になっており、ファッションショーに関しては間口が狭いところになっています。劇場はいろいろなところから見られるようになっています。
サリー：奥行きと間口の関係になっているということですね。

島田：同時にいろいろなことが劇場で行われる感じでしょうか？
浅井：そうです。
島田：音響的にはどう離れますか？
浅井：完全にシャットアウトするということはしていないのですが、音楽が必要なところは少し間に残しています。ここに視聴者のステージがあり、その音楽自体がファッションショーの音楽になるような感じです。

▶ P.102

オンライン賞
Project
繕いの更紗
―風景を断つ大規模開発への間戻譜―
ID141
青山 紗也
Saya Aoyama

［愛知工業大学］

古谷：具体的には公園的な機能になると思って良いのでしょうか？
青山：そうですね。公園の中にいろいろな人々の物語や居場所ができているという感じです。
古谷：なるほど。これがリニアということですね。駅は遠いのでしょうか？
青山：駅は中心のこちらにあります。
古谷：この上に駅が乗るということですか？
青山：はい。リニアの走行ラインの下に設計を行っています。
古谷：それだと駅との関連をもう少し積極的にデザインすると良かったかもしれないですね。この更紗の幕は良いと思います。一層ごとで終わってしまっているのですが、上下を繋ぐような吹き抜けをつくって繋ぐなど、そういう役回りを演じさせると良いのではないかと思いました。また駅のほうを一緒につくっておかないと、下だけでは公園のデザインになってしまいますね。「こんな駅をつくったら良いと思いますよ」という提案もあれば、非常に良い提案だと思いました。
青山：駅を設計するにあたって、地域としてどのようにこの巨大な高架を受け入れていくかというところから入っていくので、どこまで高架を触るかというのは自分の中でかなり葛藤しました。
古谷：「黙って受け入れて」みたいな感じで下に少し足していますよね。駅というものの概念を変えるくらい新しい提案があれば、インパクトがあったのではないかと思います。

金野：この計画は誰がつくるのでしょうか？
青山：ポールと更紗をまず一番大きく提案していて、その中で今回の平面計画としては、50mの巨大なビルディングに対して道一つひとつの方位を提案しています。
金野：お金を出す主体はどんな人なのかなと思いました。
青山：お金を出す主体……。
金野：そこまでは考えていなかったみたいですね。
青山：はい。

サリー：この町のランドスケープがそのまま南北に横断しているような建築だと思うのですが、高架下と高架下ではない場所で光環境は変わると考えます。風の環境は一緒だからこういう操作をしているのかと感じたのですが、実際に高架に芝生は生えないですよね？ 高架下と高架下ではない場所でどういうつくり分けをしていますか？
青山：高架下と中のつくり分けについては、ここを繋げたかったので脈を打つような操作で少しデッキのスラブを飛び出させています。

島田：ここは何ですか？
青山：ここはリニアのホームが入るラインになっており、上は回送線になっています。
島田：下から上がってくるラインがどこかにあるのでしょうか？
青山：ここにちょうどリニアのコア部分があり、ここから上がって中二階、ホール、階段がのびるところになります。
島田：一部に水が張られているのですね。この更紗はどうやってもっているのですか？
青山：ポールによってワイヤーをかけてずらしています。

高野：スラブはあるのですか？
青山：ここがリニア走行のスラブでして、この下に中二階が入っています。
高野：ここを通るのですね。明るくするための工夫はありますか？
青山：中が100mくらいあるので……。
高野：入るかな、なるほど。

The 2nd day
公開審査
Public Examination

質疑応答

●●● ID149 勝見さくら「モスタル再編構想」

古谷：2つの領域を橋で繋ぐのはとても良いと思います。橋のルートや拠点となるものはわかりましたが、線形そのものはどのように考えたのですか？

勝見：基本的には拠点を繋いでいくような形で考えていますが、site 2と3の間の視線が集まるところに屋外シアターを計画するなど、それぞれの場所で考えています。

高野：シリンダー状の形態をモチーフとして使う意義を改めて説明してもらいたいです。

勝見：ここに住んでいるのがキリスト教徒とイスラム教徒の2つの民族であり、イスラム教徒に関してはメッカがある方向に立つ壁に向かってお祈りをするという文化があります。私が提案するプロムナード上では、どちらの民族にも属さないフラットな場を提案したかったので、方向性をフラットにするという理由で円柱を採用しました。

高野：18個の建物のそれぞれの用途や考え方について大まかに教えてください。

勝見：例えば、一番手前の緑の丸と屋根がかかっているところは近くにカフェがあり、周辺は住宅街という場所になっています。宗教施設であるモスクと教会が混在するような場所で、その二つの共通点としてカフェが併設していて人の集まりが見られました。その近くに、どちらの民族も利用できる祈りの場所をつくるためのカフェを計画しました。

高野：では、大きい考え方として、この道は二つの地域を結ぶものであるし、そこに展開する施設とは、ある意味、二つの地域の方々が交流をしたり関係を持ったりするための接点となるようなものの各基点になってくるということですね。この特徴的な形はどのように決めていますか？

勝見：今説明したものだと、モチーフとなる円柱は祈りの場の部屋の象徴となります。教会とモスクに共通して見られる特徴である、光を操作して祈りの場という空間をつくることを抽出し、上に載っている四角の屋根と周りの丸の間から光を取り入れる場所としてつくっています。

高野：ある共通性を持つための空間のようなものを設定しつつ、複合しているという考え方ですね。

サリー：最初に見た時に、境界の上に建っているように見えました。拠点を経由して描いた形が国境のような形になっていて、実際に国境に直交するように建っている上、国境は平面的であるのに対し、これは断面性があるのが面白いです。実際の国境に直交して仮想の国境が浮いているように見え、鳥が飛んでいる軌跡のようで自由の象徴の感じがして面白いと思います。この立体構成と断面構成について教えてください。

勝見：例えば公園のアクティビティとの接続ができるよう考えているエリアで、この2つのように4m、5mと高いレベルで考えているものを例にご説明します。ヨーロッパではカフェの外にテラス席を設ける店が多く見られるのですが、ここは大通りに面していて席を設けられないので上にテラス席を設け、高さ方向で活動を展開しています。また、この白い建物は戦争後に廃墟になって今は使われていない建物が集合住宅になっているのですが、集合住宅は密度が高くてテラスなどの個人の外部空間があまりない場所だったので、窓の高さに合わせるような形で高さを考えています。

金野：模型も非常にきれいですし、プレゼンテーションで理解が深まったのですが、設計した18の拠点は、あなたが設計していくと無限に続いていくものなのか、始点と終点に何か意味があるのか、ここでのアクティビティをつぶさに拾っていくと18になっていくのか、この連続性について説明していただけますか？

勝見：提案した内容では全長が1kmくらいありますが、あくまで卒業制作の制限に合わせた長さです。自分としては、それぞれの日常の生活の延長として境界を自然な形で超えていけるような提案をしたいと思ったので、活動の拠点を広げる場所があれば無限に広がっていくと思います。

金野：最近は地域の建築の在り方やマテリアルへの言及が組み立てのきっかけになる作品が多い中で、比較的、地域のことを考えた作品でありながら、非常にポップで仮設的な構築物に見えます。そのあたりの存在感の強さの設定や時間に対してどのように設計しているかを教えていただけますか？

勝見：周辺の石造りの建物などからモチーフとして採用するという考えもあると思いますが、他律的に計画するのが必ずしも良いとは思っておらず、自分の提案に関してはある種、町の新しいアイコンとしてつくっていきたいという思いがありました。町の中に戦争の廃墟があり、重苦しく暗い雰囲気の場所が点在しているような場所に対

して、ポップでゆるく町の中を駆け抜けていくようなイメージを持たせたくて白や明るい色合いを選択しました。

島田：この計画は夢想的な話ですが、ニューヨークのハイラインのように、この空中の通路が町の構造を変える計画だと思っています。このシートにある思わせぶりな長い矢印と短い矢印は何を指しているのですか？

勝見：自分の計画したものに対する視線や動線と、逆にそこから町へ広がっていく視線や動線を表しています。

島田：つまり、見られる対象であり、見る対象でもあるということですよね。3番のところで視線のシアターもつくっていますね。

● ID115 牧嘉乃「山を建てる」

島田：豆腐の切断によるスタディがとても面白かったです。実際に自分で豆腐を切断してスタディしたのですか？

牧：そうです。豆腐の種類も木綿豆腐と絹ごし豆腐を試し、切断方法も箸や包丁などを検討してスタディをした結果、糸による切断が一番良い形が出たので採用しました。

島田：それが法律のもとに暮らす国民の裁判において、自分の思い通りにならないことや緊張感を表現するという、やや飛躍していますが面白い着眼点だと思いました。

金野：造形も非常に素晴らしいし、迫力のある建築をつくられていると思いますが、山の持つ偉大さに対して親しみという側面を裁判所とする、つまり、山的になることで最終的にどのように獲得したのかが気になりました。もう一度説明をお願いします。

牧：まずは、動線を分けることで親しみができると思っています。現在の法廷では、先ほどまで裁きを受けていた人が、自分が座っているベンチの隣に座るというケースがあり、こちらまで緊張感を覚えるというか、居心地が悪い気がしました。そこで、例えば傍聴人は傍聴人の通路などと決めることによって、より入りやすくしています。

金野：山というメタファーからも外観からの親しみなども、建築の表れとしてもう少しあるのかと思いましたが、人の関係性を動線計画から考えたという、裁判所の利用者の関係性としての親しみなのですね？

牧：そうです。

古谷：どうして山的建築の一つの表れを裁判所で表現しようとしたのですか？飛躍については一旦置いた上で、山的なものがここにどのように転写されているかを、例を挙げて説明していただけますか？

牧：空間構成ルールで、傾いた壁と山道のように細い道の例を挙げています。法廷のブロックを細いブリッジで繋ぐことにより大きい空間に対して細い道を歩くことで、山道のように反対側から来る人と自然と会釈が生まれるという体験を挿入しています。

古谷：遠景のほうはどうですか？

牧：遠景は全体構成に入れていて、川の対岸から見た時に、遠景としての山のようなポコポコしたものを繋ぐ稜線のようなものが生まれたり、ブロックの前にある水平台は遠景の山に霞がかかっていたりする状態として表現しています。

高野：裁判所にいろいろフォーカスした部分もあると思いますが、山的設計手法は他のビルディングタイプにおいてどのような可能性をもつのでしょうか？

牧：裁判所のブロックの細いブリッジのように、例えば集合住宅でも、ブロックごとに分けてそれを山道で体験として繋いだり、美術館でも応用できたりすると考えています。

高野：つまり、裁判所は今回一つの設計例としてあるということですね。山に対する遠景、中景、近景がある中で、近景は内部の話で考えていますか？

牧：近景は山道の体験や山の道のりとして考えています。

高野：アイレベルの体験ということですね。内部空間としての体験が山的設計手法においてどういう体験を満たしているのかを補足して欲しいです。

牧：一番多く取り入れているのが、自分で名付けた「山道のレイヤー」です。山で歩いていると、時々上を歩いている人が見えたり、足音だけが聞こえたりして、その道の重なりが面白いと思いました。そのように地下を傍聴人が歩いていたら時々原告が見えたり、原告と被告もタイミングが合えば一瞬すれ違ったりして、裁判の雰囲気を感じられるという体験を入れました。

高野：あるオブジェクティブな話というよりは、山の中を歩く体験の中で起こるようなことを空間としてつくっており、いわゆる一般的な施設型と違う点としては、自然な行為として動線が見えてくる空間をつくりたいという理解で良いですか？

牧：そうです。

● ID124 山本明里「ポッケ ミッケ」

サリー：駅から1kmの範囲で、敷地をA、B、Cと3つ選んでいて、設計手法がちょっと忠実過ぎると思いました。RCと木の部分をケアの空間と地域の空間に使い分けているのと、GLの高さが上がっていくほど社会と距離が近づくところは忠実にやっていますが、本当は3つの場所性があるのではないかと思います。そのエリアごとに使い分けた設計や配慮があれば聞きたいです。

山本：場所の特性として、学校側は友達同士などコミュニティが狭い人たちが使う場所で、逆に駅側はオープンで他者など普段関わりがない人と関われる、広い場所としました。そこで機能としてのボリュームの数が増えているのと、敷地の大きさが駅に行くにつれて

大きくなっており、駅前は内外ではなくて公園として使えるので、確かにシステムは従順で同じように見えますが、違いをその中でつくる想定です。

島田：駅前広場がパブリックで中学校がコモンとなっていますが、コモンとパブリックは隣接する概念だと思いますが、どうやって使い分けているのですか？
山本：例えばきょうだい児と不登校児の目線になって考えると、特別支援学校や病院がある駅側は自分の兄弟の障害に関する場所に近くなっており、逆に中学校側はその障害から離れる場所になっています。そのため、中学校側は友達と遊ぶ場所、真ん中は少しゆったりとした1人で考えられる場所、駅側は同じ境遇の子などが相談できる大人に出会える場所になっています。つまり、友達同士がコモンで、相談できる場がパブリックというように使い分けました。
島田：私もちょうどプロポーザルで不登校児のための空間設計を真剣に考えています。同じような上手く隠れられる居場所をつくり出していると思ったのと、傾きを45度に振ったことによって周辺にたくさんのポケットパークのようなものが生まれて、それが割と上手くいっているのではないかと思います。コンクリートの壁がこれほど近くにあることが必要かは疑問ですが、非常に良い解決方法で解いていると思います。

高野：3つのレベルの違いの話が出ましたが、逆にその3つに共通したポケット的な空間の設計手法はあるのでしょうか？
山本：模型で説明すると、ここは緑道に対して45度になっていて、それに対して学校側、駅側、両側に開くようにつくっています。分ける要素としてはスライドの一番右上の部分が視線も通るし、動かすこともできる部分。動かせないし視線も通らない一番強く居場所をつくる、スリット化する要素の強い部分があり、一番真ん中は強い壁や扉が使われ、このグリッドの中を仕切ったり居場所をつくる要素とし、オープンになっている場所はカーテンだったりとか……右上の要素がつくっているという感じです。
高野：なるほど。ずらしながら重ねるという操作が大事だと思いました。

金野：RCとグリッドの奥まで、地域とこういう場所のコントラストが強過ぎる気がしますが、そこはこだわりがあるのですか？
山本：今までもたくさん議論されてきて自分でも迷っていたのですが、

地域の人とケアしたい子がいる時に、なにか一つ強い要素があって、ただ平面的にはっきり分かれるよりも段差がずれていたり要素がずれていたりして気付いたら地域に出ているような感じにしています。二次元で見るとちょっと違う気もしますが、実際にあらゆる人が使うとなると柔らかい場所になっています。

古谷：町のポッケをつくるという発想は、きょうだい児や不登校児にとって大事な概念を与えていると思います。ある程度守られていて、入口はあるけれど、ことさらに主張した入口ではなく、パッと入り込むと安心できる場所が町の所々にあるのはとても良い発想だと思いました。ただし、45度に振っていることもあり、比較的道に対して主張しているように見えますが、主張したかったのでしょうか？
山本：緑道に対して3つの場所を付随させる際に、主張したいのは中学校側と駅前の場所で、逆に住宅のゆったりした木空間は外からは隠れているような場所にしたかったです。
古谷：本体そのものは街並みに溶け込むようにあるプレーンな形だけれど、ちょっと首を傾けている不思議な入口があって45度は出張ってこない。入り込みたくなるような入り口のデザインとして、木軸の振れているところが有効に使われていると上手くいきそうな気がします。

● ID186 福井奏都「Floating Bamboo-Platform」
島田：モスク棟のテラスの庇がほとんど水上に架かっているのはどのような意味がありますか？
福井：そこは各住宅の農作物を小船で集めた市場であり、買い手側は庇の下に船をつけて買い、売り手側が広場に乗って売るという形のため、庇が出ています。

古谷：水上住居にすることのメリットとしては、水位の上昇からこういう対応ができることと、横にも移動できるようになることです。現に、カンボジアのトンレサップ湖の水上住居は水位が高い時は、湖面全体が高くなるので岸に近いところへ、水位が低くなると湖面が小さくなるので魚を獲るために魚に近いところへ移動するのですが、これはどうするのですか？ それから伝統農法も、洪水による水位の変化に影響されないためですよね。上下の移動はよくわかりましたが、水平に移動できることにどのような効果を期待しているのでしょうか？
福井：この地域は、雨季は完全に水没して乾季には大地が出現す

るため、まず雨季には住宅を水面に並べ、乾季になると雨季に浮いていた農園いかだが着地し、そのままそこで肥料がまかれて農作物を育てられる特徴があります。なので、いかだはそのまま着地してもらいます。今回の設計ではまだ考え切れていないのですが、住宅や集会所は移動できるので、乾季では住宅の配置を変えることができます。例えば水辺と陸地の境界線で、伊根の舟屋のように住宅を集めて暮らすこともできます。雨季では散居村のように離れて暮らすことを想定しているのですが、乾季では住宅を集めて暮らすことを考えています。

高野：生活イメージとして、住宅間を舟で渡っていく必要があるのでしょうか？
福井：住宅間はもちろん、畑が並んでいる中を船で農作業をする際に、隣接した住宅との交流が図られます。移動は小舟で行います。
高野：舟は簡単に誰でもつくれるものですか？
福井：舟のつくりは伝統的な紐で縛る方法を考えているのですが、一応、各住宅の住人がつくれることを想定しています。

金野：写真などを含めて地域自体がまず魅力的だと思うのですが、これをやろうと思った最初のきっかけや、あるいはこれをやったことで今後の自分の活動に対して生かしていけること、この特殊なつくり方を通して発見したことがあれば教えてください。
福井：地球温暖化による海面上昇の被害がこのような低地にはもちろんありますが、最近では日本やオランダにも海面の水害が出ています。オランダでは、完全に浮いているわけではないけれど、陸と接地したまま海面で浮いているような住宅が見られることから、将来的には日本でも水の上でも暮らせるようになるかもしれません。今回、バングラデシュという地域を選んだのは、そもそもバングラデシュは低地が少なく高台に逃げることが難しく、今救うべき国だと思ったからです。

●ID142 久保田華帆、益田大地「水ぎは、すこし灯りて」

島田：美しい計画だとは思いますが、左右に建てる神道の宿泊施設がコンテナハウスのようで、地勢に合っていないところが気になります。
久保田：外部の人が中長期的に宿泊できる滞在施設ということを念頭に置きました。周りはすべて山に囲まれている集落で、各コンテ

ンツがそれぞれギュッと集まって大型施設のような複合施設になってしまうと景観を阻害してしまうので、建物と建物の間からある程度周りの景観が見渡せるように各棟が分離したような形になりました。

金野：フェーズ2の建物に関しては、隙間をつくってなるべくランドスケープに違和感がないようにしているのはわかりますが、ストラクチャーも全部切れてしまっているにも関わらず、なぜそこまでしたのでしょうか？ すべてフレームでつくられていますが、雨をしのぐ場所、水を集める場所、光が入ってくる場所という区分けをしなければいけなかったからでしょうか？
益田：模型は屋根がかかるような形になっています。分棟型の小屋にかかる大屋根は一回り大きく、人のにぎわいがある場所に大きく広がるような形になっていて、大屋根の下に道が通って雨がかからないような動線計画にしています。
金野：それぞれ屋根として成立するように独立しているということですね？
益田：はい。

サリー：これは水の高低差で発電しているのですか？
久保田：敷地の裏に大きな山があり、集落を南北に流れる川の上流から山肌を伝って取水を行い、最終的に発電機にたどり着くまでの間に、その山に110mの落差のパイプを下から設置して発電所まで水が流れるような形です。
サリー：水の高低差で発電しているんですね。物をシェアすることはあると思いますが、電気をつくるという、ある種、お金をつくる行為のシェアと、そこで生まれたお金のシェアを村ですることで、防災設備と町に不足している機能をみんなで買っていくという、ある意味、売電行為によって新しい共同体意識ができる可能性を感じた案でした。みんなで発電したものの収益の分配が下がったとしても、みんなで稼いでいるという意識が共同体にとって価値があると思います。最悪、自分たちの生活は賄える電力だと思うので、電気をつくることと売ることを一人ではなくて村としてやることで、どのような価値があるのか補足で説明いただけますか？
久保田：住民主導で電気を自給できる集落を目指したのは、人との関わりが薄れていく社会の中で、結いの精神のような茅葺きの集落で一緒に農業をするとか、屋根を葺くことで繋がっていたようなコミュニティの在り方に価値があると思っているからです。かつ、売電する中でまちづくりの資金にも充てていき、集落の中で電気を自給しているというブランドのもと、新たな観光資源が生まれる強い集落をつくっていくイメージです。

古谷：自給自足という話がありましたが、売電を前提としているのですか？
久保田：自給自足はもちろんですが、最終的には売電した収益を集めてまちづくりに充てたいという考えです。どこにでもあるけれど消えてしまいそうな、このような集落で最終的には町のための資金としてプラスできるアイデアを考えています。
古谷：ただ、売電を取り巻く環境はどんどん悪化しているので楽観視できないと思います。そのあたりはどのように考えていますか？
久保田：売電収益がどこまでできるのかはまだ不明瞭です。こういう

集落に住むことが、都市で住むよりも良いことだと思えるようなお金の使い方をするべきだと思いますし、今回もそこまで調査したかったのですが、時間との闘いでそこまでできませんでした。
古谷：既存の小さな小屋のようなものを活用して小規模な小水力発電を始め、次第に理解が得られたら地域の共同事業として立ち上げるという一定の知識がシェアされている中で、その知識を使った新しい施設をつくるという素敵な話をされていました。地形とそこにあるリソースを最大限生かして景観的にもストレスを与えないもので、ここに合った自給自足的なエネルギー供給の道を一体でやろうという共同作業の意識が芽生えてくるのに沿って事業化をしていくのが良いなと思いました。

●●● ID184 鈴木佳那子「家族の壁」

島田：あなた以外の7人の建築学生で、まずプロトタイプをつくったということですか？
鈴木：そうです。私の家族の抱えている状況や16個の壁についてすべて話して、それによってどのような構造が良いのかを7人の建築学生に協力してもらって、アイデアのもととなるデザインコードを用意しました。それがプロトタイプです。
島田：それを組み合わせてつくっているということですね。先ほどの説明で「ここからお母さんが入ってきてうるさいから」という話がありましたが、ここで声を掛けられると集中が切れるということではないのですか？
鈴木：説明不足で申し訳ありませんが、声を掛けられる分にはありがたいのです。話したいとも思っているのですが、いきなり声を掛けられるとびっくりしてしまう。それを、音を通すことによって解決しました。
島田：これによって、ネガティブなことをポジティブなことに解決していくということですよね。

金野：家の平面の中で問題がある壁のプロットがギュッと凝縮し、「ここが問題になっている」という話がとても面白かったのですが、一例として、このようなボキャブラリーを使うと、このように関係が変わるというものを具体的に教えていただけますか？
鈴木：一番見やすい壁で説明します。まず「普通戸」と「ルーバー」というプロトタイプを合わせた「ガラリ戸」を採用しています。また、「大斜め格子」は「斜め格子」と「グリーンカーテン」というプロトタイプを採用しています。これによって、内外の関係性を曖昧にする

中間領域が生まれています。この中間領域が、犬にとっても人間にとっても良好なコミュニティを築く空間になっていて、外のさわやかな空気を吸いながら室内で温かいコミュニティも築けると考えています。
古谷：つまらない質問ですが、家族間の壁という、ものすごく濃密なテーマに対して、この庭は模型上濃密に表現されていてすごく存在感があります。これは何が働いているのでしょうか？
鈴木：私の暮らす自宅にはガラス戸の掃き出し窓がたくさんついているので、それを眺めが良いとポジティブに考えた結果です。眺めは暮らしに影響するし、壁を介するコミュニティを話す上で、暮らしはすごく大事だと思うので、生活空間であったり家具であったり、そういう内部空間で生活していく上ですごく影響力の高いものであることを表しています。
古谷：でも実はその庭が結構救いになるはずです。ここで家族が直面している関係だけを捉えてしまうと、このフィルターもそうですが、横を向いてぼーっと見ているだけでも関係は構築されるはず。

高野：開発した壁のプロトタイプの中に有望な壁はありますか？
鈴木：グリーンカーテンです。夫婦の趣味が園芸なので、いたるところにあります。

●●● ID153 山田ひな「Social Infratecture」

島田：車の歩道橋のようなものは何ですか？
山田：大きい幹線道路上にあるものが幹線道路を走るモビリティの格納庫で、街区内にあるものは街区内に住んでいる人たちの車を格納するガレージになっています。
島田：ここに車が何台か停まり、ここから出ていくということですか？
山田：そうです。
島田：この魅力的な屋根はどうやって登るのですか？
山田：家の2階や屋上からアクセスし、一部階段がついています。
島田：そうすると、隣接する家はパブリック的なものになっているというイメージですか？
山田：隣接している空き家は、パブリックなものとして道の中に吸収されていくというイメージです。

高野：この提案が目指している未来の生活像を話して欲しいです。
山田：2050年には日本の都市がより高齢化して縮小していくと思いますが、今の高齢者のように老人ホームで生活するのではなく、多くの高齢者は少しの手助けで自立して生活できるので、このようなインフラによって地域の人たちが支え合って生きることで、多くの人が自分の町で生きていけるのではないかと考えています。
高野：屋根はみんなに優しい空間になりますか？ 高齢者も登るという話があったので、屋根はどのような居心地でしょうか？
山田：屋根の上も人々の集いの場所になっていますが、例えば地球温暖化を考えた時に、日中は屋根の下で活動して、日没になってから屋根の上で集まって映画を観るとか、そういうことは想定しています。

古谷：既存の建物の上だけを壊して基礎だけ残してベンチにしたり、

地下室だけ残したり、そういうアイデアは面白いと思いますが、逆に言うと、全部を壊さずに一部を残していく意味や価値は何ですか？
山田：トヨタのスマートシティのように、すべてを更地にしてモビリティシティをつくるのではなく、そういう新しい技術革新が出てくる中で現代の都市基盤の上につくるという、前の時代のものを残すのが重要だと思っています。
古谷：記憶みたいな？
山田：はい。町の記憶の残し方によって、町の個性が表れると考えております。

金野：巡回審査で、ここに住んでいる100人のベッドはここにあり、パブリックな空間はここにあるという話でしたが、周りが徐々に空き家になると、ここもパブリックになるという想定ですか？
山田：はい。
金野：あなたが設計した建物と関わらない建物は色分けがありますか？
山田：色が塗られているところは、私が想定した年代で吸収されたところです。灰色の部分は、将来的には2階だけ吸収されることも、全体として吸収されることもあると思うし、解体されて新たに屋根がかかる可能性もあります。
金野：最終的にはこういう軽い屋根がかかりますか？
山田：かかるかもしれません。
金野：とりあえず全部ここに吸収しているということですね。なぜここにずっと100人を閉じ込め続けるのかが、なかなか理解できません。
山田：新たにインフラの周りに家が建つと考えています。
金野：でも、時間軸と共に考えるならこういうところに少しずつ住まう人を想定しても良いのかなと思いました。

サリー：診療所と病院のような組み合わせのように、モビリティが行き先の機能を補完しているものと、書斎に図書館が行くような、モビリティが行き先のスペースを拡張しているタイプのものがあったと思います。後者のパターンは、町の中をネットワークで動くことによってミツバチが花粉を運ぶようにいろいろな人の本を運んでいくので、いろいろな人の息づかいや生活の持ち味のようなものが運ばれる良さがあると思っています。今後もそのテーマでもっと深掘りして欲しいと思いました。

古谷：私もすごく良い着目点で良い問題を扱っていると思いますが、ディフェンスが少し弱いです。屋根にはどうやって登るのかという質問がありましたが、せっかく将来のモビリティまで見据えているのだから、階段を登れる車はすぐできると思います。モビリティの幅をもっと広げて車型ではなくなるところまで考えて、ここを縦横無尽に住みこなせるような、そういう生活まで発展させたイメージを膨らませるとさらに良かったと思います。

●●● ID106 髙橋知来「煙を灯す」
サリー：「相合稼ぎ」という考え方を提案されていましたが、農業と漁業がこの場所でどう繋がっているのか詳しく教えてください。
髙橋：漁業や農業の加工販売の場がここに集約されていることを「煙突集約型産業」と定義しました。農業と漁業は個々で産業が成り立っていますが、例えば風であったり熱であったりを自然資源として一つひとつ分解し、それらを漁業や農業で共通項とした時に、さまざまな文化が混ざり合うと考えました。そうした新たな他産業との交わり合いの再編を試みています。

髙野：製塩に使う煙突以外はどういうものでしょうか？
髙橋：模型で説明すると、真ん中の一番大きい煙突が「塩の煙突」という熱を供給する煙突です。他には風を共有する煙突、音やにおいを共有する煙突、ガラス張りになっている光の煙突、他の二つは風の煙突です。一番下の階にあるのが加工を行う新商品開発の場で、上の階では天日塩をつくるというプログラムを設定しています。

島田：パースにある竹を編んだようなものは製塩に使うのですか？ここで塩水を機械にかけているということですね？
髙橋：昔は枝条架（しじょうか）という竹を編んだものに海水をゆっくり垂らすことで風の力と太陽の光で海水の濃度を高めていました。その前に床場という斜めに設けた板がありますが、海水を流す場を立体的に組むことで屋根から海水を流し、熱を持った煙突の屋根に沿わせるように熱を共有していくことで、つまり、太陽の光しか採鹹（さいかん）の力がなかったところに熱を加えることで、より効率的な塩づくりができるように考えています。
島田：生産しているのは塩のみで、他は販売ですか？
髙橋：漁業と農業においては加工販売の場所になります。実際の加工場は老朽化によって再整備が急がれている状況なので、ここでは加工と販売を考えています。

金野：漁業や農業も含めて生業の話を丁寧にされていますが、模型を見ると階高が一定の印象があり、それぞれのものづくりの空間特性が読み取りづらいです。やはり人間主体の空間の組み立てになっているように見えますが、どうでしょうか？

髙橋：そうですね。階高が2階吹き抜けになっていたり、高さを使う部分に関しては、モジュール2,700mmを説明しましたが、場合によってはモジュールを5,400mmにしたり、あくまでも基準にスパンを飛ばしたり縮めたりしたいと考えています。

金野：高さ方向も2,700mmの基準になっていますか？

髙橋：高さ方向は基本的に3,000mmでそろえています。

古谷：加工というのはどういうものですか？

髙橋：簡易加工と消費加工を考えています。簡易加工は切ったり乾燥させたりする工程で、そこに塩が加わることによって保存や発酵という中長期的な加工も考えております。

古谷：「煙突のある風景」というのは、煙突がただ製塩業に必要なだけではなく、かつての煙突のある景色がその地域をつくり出してい

ることを思い出し、もう一度立ち返る提案をしていると思いますが、製塩業をもう一度やろうとしているのは真ん中の一基のみで、その他の施設も煙突を必要としているけれど、製塩業で必要なほど積極的な理由がありませんよね。それにも関わらず、全部を昔の煙突櫓のような形態のまま使うのは、一種のフェイクになりませんか？それぞれの機能にとってもっとふさわしい形があるかもしれないのに、かつての煙突や製塩を模した形の中に入れてしまうことに私は抵抗感がありますが、そのあたりはどう考えていますか？

髙橋：煙突でないといけない理由は、煙突という街としての歴史の上に残っているものと自然との暮らしを紡いでいきたいからです。それを記憶の中でオーバーレイしながら、未来の新しい暮らしとして、風景の連続性として煙突を建てました。確かに機能としてはもっと便利なものがあったかもしれませんが、暮らしの連続性という意味では煙突を使う必要があると思っています。

審査結果

	古谷	金野	サリー	島田	髙野	計
106						0
115				○	○	2
124	○	○	○	○		4
142		○				1
149	○	○	○	○	○	5
153	○					1
184						0
186		○			○	2

　公開審査では、8名のファイナリストと5名の審査員による質疑応答が行われた後、最終投票が行われた。審査員による多数決と決戦投票の結果、5票を獲得したID149勝見さくらさんが最優秀賞に選ばれ、次に票数の多いID124山本明里さん、ID115牧嘉乃さんが優秀賞を受賞。最後に審査員の講評とともに、すべての出展作品から個人賞が選出された。

最優秀賞
●●● ID149 勝見さくら「モスタル再編構想」

島田：かなり夢想的な提案ですが、アンビルトだけでもこういうことが起こると世界が変わるかもしれないという、非常にユニークかつ面白い提案だと思っています。ここから18個の建築がどう有機的に機能していくのか、全体像をもう少し見てみたいという気持ちもありました。プランとCGはあるので、全体模型があるとなお良かったと思いますが、とても魅力的な提案です。

古谷：民族の違いや、これまでの負の歴史というかなり深刻で重大な問題に対して橋をかけるようにして乗り越える発想が非常にさわやかで、そこから提案しがいのあるコンセプトになっていると思います。架け橋が飄々と町の上で繋がっている状態が妙なストレスを与えたり削り取ったりせず、この軽やかさこそ、このプロジェクトに対する答

えとして救いになっていると思います。自立への一歩の橋だと感じさせるために緻密にルーティングしていて、既存の町の中に人が集まる場所を生み出そうとしているのにもとても好感が持てます。強いて言うなら模型がすごくのんきに見える。町のベースに存在する、ある種の重さと、その上に軽やかにかかる橋の対比まで模型表現ができると素晴らしいです。

優秀賞
●●● ID115 牧嘉乃「山を建てる」

島田：正義とか正しさに縛られて、苦しそうに設計しているように見えた人が多い中で、楽しそうに設計しているように見えました。模型を覗き込むとわかりますが、めくるめく、いろいろな集結が表れていて、山的設計論というよりも、ただ単純に設計をしていてすごく面白かったのではないかと思います。いろいろなシークエンスが表れていて、その中に稜線があり、私はこの中で一番設計が楽しかったのではないかと思ったのでそういう点で非常に推しています。

髙野：山という概念の言葉のようなものが難しいところであるとは思いますが、どちらかというと従来の施設型ではない方法でどのように豊かな空間をつくるのかにアプローチしようとしている設計だと思いました。個人的には、特に内部空間にその良さが表れていると思う

のですが、巡回審査のプレゼンではパースをたくさん見せてくれて良い空間がたくさんあると感じたけれど、最終審査のプレゼンではシーンを小さくして集合させたプレゼンをしていたので、もっとどういう空間かを提言したほうが良かったと思います。でも、空間がよく練られていて、とても素晴らしいと思いました。

優秀賞
ID124 山本明里「ポッケ ミッケ」

島田：ご自身の兄弟ということで、自分の問題としてリアリティを持って設計された非常に地に足のついた設計だと思います。いろいろな意見はありますが、私も不登校児のための空間を設計する際に実際にいろいろな人に取材をしましたが、かなり繊細に扱わないといけない話だというのが私の実感です。そのため、彼女がそういう実感のもとに、必要だと考えて空間を設計したことについては、当事者にしかわからないことがあるのだろうなと思いました。

金野千恵賞
ID186 福井奏都「Floating Bamboo-Platform」

金野：福井さんの提案は一見、飛び道具に見えるのですが、彼が肌で感じている課題に対して一番ダイレクトにアクセスできる道を自分で探り当てて建築化したストーリーが感じられました。そういう漠然とした不安や課題に対して、どうすれば自分ごととして没入できるかという実感が表された作品だと思いました。

サリー楓賞
ID142 久保田華帆、益田大地「水ぎは、すこし灯りて」

サリー：無理にコミュニティ化や観光地化をして課題解決を図るのではなく、あり得るべき手段であり得るべきスケールでやる。リーズナブルであり、ロジカルな提案でバランスが取れていると思います。

古谷：自給自足的に地域が一丸となり生活感を持とうとするところに大いに共感しています。この地域には観光客なんて呼ぶ必要はないと思います。この地域の人たちがもっと平和で楽しく、自給自足的に生活を送るにはどうすれば良いかに軸足を置いてくれたら、素晴らしい可能性があると思いました。

島田陽賞
ID184 鈴木佳那子「家族の壁」

島田：卒業設計展の審査会では優秀賞を決めますが、卒業設計は基本的に自分のためにやれば良いもので、誰かが評価したから良いとか悪いとかではないと思っています。一生で数回しかない、自分に問題を出して答えるような機会なので、問題が上手く解けたらそれはそれで良いですが、上手く解けなかったからといって意味がなかったり、もったいなかったりする話ではないと思います。卒業設計はそういうものだと思っているので、なるべく自分のためにボールを投げて欲しいです。そういった意味で「家族の壁」は自分のためにボールが投げられていてすごく素晴らしいと思いました。

高野洋平賞
ID153 山田ひな「Social Infratecture」

高野：いろいろと物議を醸しましたが、未来の在り方を積極的に考えており、それが表現上少し伝わりづらい部分もあったかもしれませんが、未来に向けた構想を真摯に考えていることが伝わる良い提案だと思いました。

古谷：透明な屋根が損をしていますが、都市に発生する問題をダイナミックに捉え、その先のモビリティが革新されていく未来を見ているところに着眼の確かさがあると思います。

ファイナリスト
ID106 高橋知来「煙を灯す」

古谷：それぞれの煙突に対して現代的な意味や機能をもっと徹底して与えてあげて、ギアの周りの部分はそれぞれの機能にふさわしい平面計画なり建築計画なりをすると良かったのではないかと思います。

Award Winners

NAGOYA Archi Fes 2024

— *The 1st Day* —

入 選 作 品 紹 介

(1日目) **NAGOYA Archi Fes 賞**
NAGOYA Archi Fes Award

(1日目) **橋本雅好賞**
Masayoshi Hashimoto Award

ID179
信州大学
松高 葵生
Aoi Matsutaka

Project
モノと人の結節点
―物流・人流の拠点としての水戸駅再生―

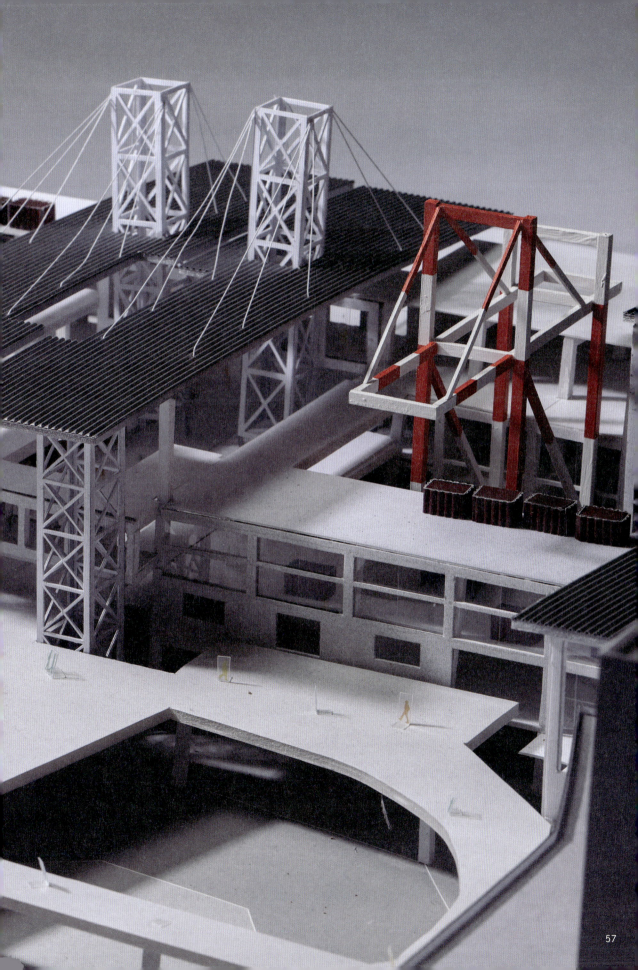

（1日目）NAGOYA Archi Fes 賞
NAGOYA Archi Fes Award

（1日目）橋本雅好賞
Masayoshi Hashimoto Award

ID179
信州大学

松高 葵生
Aoi Matsutaka

Project
モノと人の結節点
—物流・人流の拠点としての水戸駅再生—

衰退する地方都市の駅。一方近年では、2024年問題を契機に駅の物流拠点としての役割が重要視されている。本提案では地方都市の中心市街地で衰退が進む茨城県の水戸駅を題材に、物流拠点としての貨物駅と人流拠点としての旅客駅をひとつの空間に融合的に集約することで、まちの新たな拠点となる建築空間を提案する。

作品講評

● 単純にすごくワクワクする提案で、駅の在り方や物流との組み合わせが良かったです。商業が入ってきたらわくわく感が高揚感に変わり、人々の物欲にもつながりそうです。ターミナルでありながら、人のいる場所も構築できているという展開性が秀逸に見えます。こういう提案が生まれることによって、社会問題を解決する一つの考え方を担っているところにも可能性を感じて個人賞に選びました。(橋本雅好)

モノと人の結節点
～物流・人流の拠点としての水戸駅再生～

01 背景：駅の物流拠点としての役割
2024年問題を契機に駅の物流拠点としての役割が重要視されている。

02 敷地：オフレールステーションとなった貨物駅
かつては貨物駅であった水戸オフレールステーションがある。

2024年問題を契機に求められる物流拠点としての役割

01 背景：高度経済成長期から続く駅前再開発
駅周辺の再開発事業をめぐる環境は年々変化している。

戦災復興期	高度経済成長期	安定成長期	バブル景気	バブル崩壊以降
1945 戦争終結 戦災復興	東海道新幹線開通 都市部への人口集中 1969 都市再開発法制定	ロードサイド 店舗の普及	地価の急激な高騰	中心市街地 の空洞化

02 敷地：空きテナントの増える高層駅ビル
現状の駅ビル内には空きテナントが多く見受けられる。

ロードサイド店舗の発展等で衰退する地方都市の駅

結節点
物流 貨物駅 × 人流 旅客駅

03 全体計画

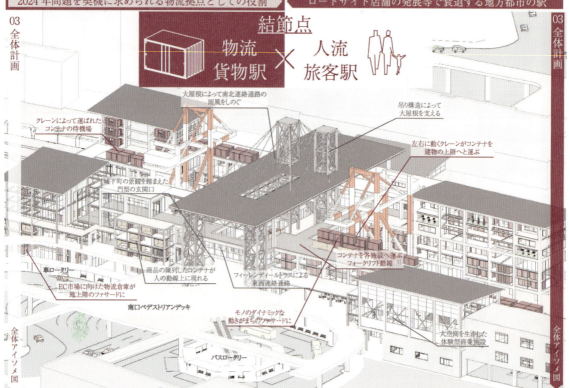

全体アイソメ図

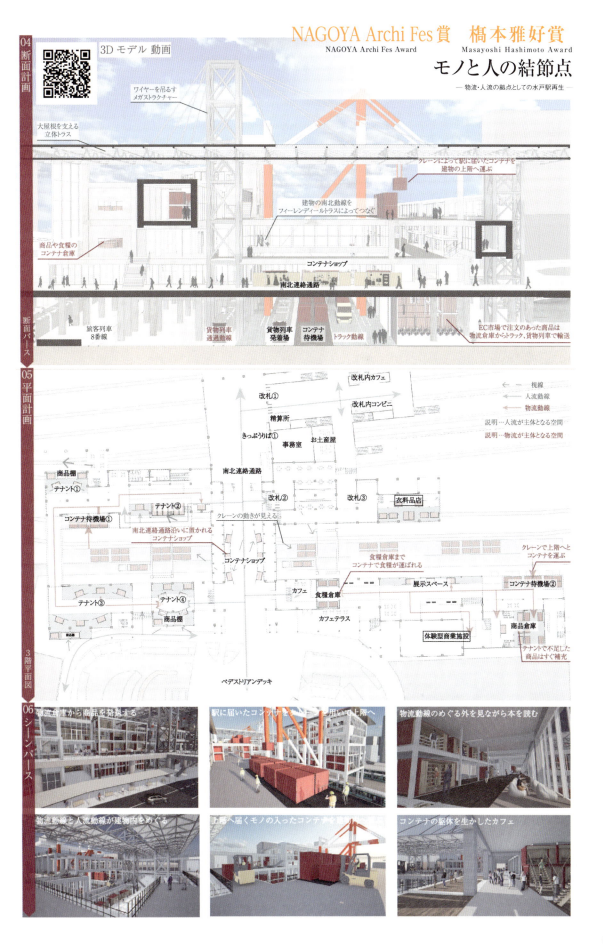

入選作品紹介

（1日目）　**淺沼宏泰賞**
Hiroyasu Asanuma Award

ID187
名古屋大学
飯田 柚紀
Yuzuki Iida

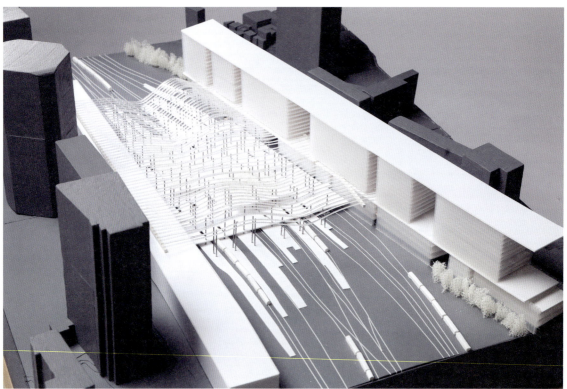

Transfer Square 内観パース　　　Green Bridge 内観パース

Project
TRANSFER SQUARE
— 品川駅舎再編計画 —

本設計は、品川駅で現在行われている再開発に対するカウンタープロポーザルである。品川駅の問題点である、まちや緑の分断・暗くて狭いコンコースなど解消するため、ガラスのシェッドが架かる緑溢れる駅舎と高さを低く抑え、ボイドを設けた駅ビルの設計を行う。また、ホームの上一帯に乗換広場を設計することで、「日本の玄関口」にふさわしい新しい駅舎を考えた。

作品講評

飯田さんのチャレンジ精神を感じました。現在の品川駅に一石を投じようと、周りで再開発をしているなかで「私ならこう開発する」という姿勢が高評価で印象的です。そして、今あるビルを壊して同じ面積、ボリュームをどう繋げるか、新しいリニアの駅とどう繋げるかという課題に対する模索。品川駅が日本、世界の中でどういう駅であるべきなのかという答えを出している点を評価しました。（淺沼宏泰）

NAGOYA Archi Fes 2024

（1日目）**小粥千寿賞**
Chizu Ogai Award

ID125
名古屋市立大学
松崎 朱音
Akane Matsuzaki

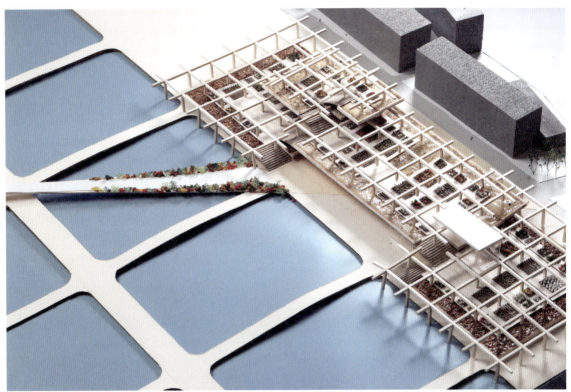

Project

浄水場型農業のすゝめ
— アクアポニックスと濾過システムの融合 —

浄水場の濾過システムに着目し、浄水場型農業を新たな農業方式として提案する。濾過システム内にはアクアポニックスに必要な微生物と魚が揃っている。ここに農業要素を追加し、循環型農業システムを実現する。

作品講評

私たちは普通に水道水を飲んでいて、それがどこから来ているかを日常で気にすることがほとんどありません。食べ物についても私たちは生産から離れた都市生活を送っているので、私たちの暮らしで距離ができてしまっている飲料水と食を、新たな建築的なもので提案したところが面白いと思いました。(小粥千寿)

入選作品紹介

（1日目） **加藤正都賞**
Masato Kato Award

ID171
東海工業専門学校金山校
本林 龍
Ryu Motobayashi

Project
廃校再生計画
— 校舎利用による新たな可能性と映画館の多様性について —

学校の教室や体育館などは、そのどれもが役割を決められてつくられている。廃校となり役割を失ったその場所に、映画館という新たな役割を与えることで、「学び」から「映画鑑賞」へと目的が変化する。非日常を共有することで生まれるコミュニティが、地域との繋がりをより深くし、廃校に新たな価値を見出す提案である。

作品講評

個人的に一番ワクワクした提案でした。シネマ空間は画一的だということを、この提案を見て気づきましたし、エンタメ自体を拡張していくような良案だと思います。廃校とシネマは相性が良く、市街地にある廃校になった場所にエンタメをきっかけに人々が戻ってくるというストーリーが魅力的です。映画と観る人の関係やさまざまな楽しみ方を提案しているのも印象的でした。（加藤正都）

NAGOYA Archi Fes 2024

（1日目） **栗原健太郎賞**
Kentaro Kurihara Award

ID162
名古屋大学
片野 翔太
Shota Katano

豊かにたたむ
過剰供給された住宅地で豊かに暮らすために

Project
豊かにたたむ

住宅をグリッドに縛る「道路」を「土」へと変えることで、住宅同士の繋がりを再編集し、道路面に活動を生み出し、衰退しつつある新興住宅地のコミュニティを繋ぎとめつつも、自然の浸食を許容できる柔軟な環境へと転換する。

作品講評

私が面白いと思ったのは、戸建て住宅の個別の敷地を全部ひとまとめにして、大きい敷地にしたらどうなるかという考えを提案していることです。建築をほぼ触らずに敷地を触った結果、敷地内にアスファルトの道路がなくなり、大きな敷地で戸建て群が集合住宅化されています。これを建築の案かと問われると難しいですが、建築学科の人が考えたということに私は納得できました。(栗原健太郎)

入選作品紹介

（1日目） **和祐里賞**
Yuri Yamato Award

ID135
福井大学
水野 豪人
Taketo Mizuno

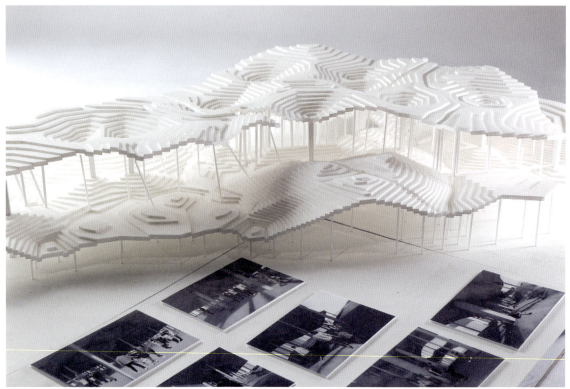

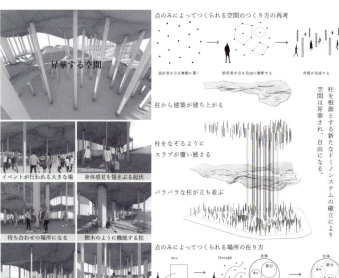

Project
昇華する空間

現在、都市では機能的な快適さを求めるあまり、そこでの振る舞いが固く規定された「〜のための」建築が多いと感じる。このような建築による受動的な空間の連続は、人を支配し能動性を失わせる。そこで柱の空間効果に焦点を当て、建築を機能から解くことで、利用者が能動的に振る舞うことのできる公共空間を提案する。

作品講評

水野さんの考え方に共感しました。目的があって「こうだからこうなる」という方向性だけではなく、さまざまなアクティビティを受け入れる空間が今後さらに必要とされてくるのではないかと思っています。皆さんが慣れてきてしまっている建築に関する思考回路に疑問をもつ姿勢を評価しています。常に建築とは何であるかなど、ハッとさせるような問いを投げかけて引っ張っていってほしいと思い選びました。（和祐里）

66

NAGOYA Archi Fes 2024

（1日目） **吉村真基賞**
Maki Yoshimura Award

ID169
名古屋市立大学
細川 明日香
Asuka Hosokawa

Project
オケアヌスの表情

瀬戸内海に面する香川県三豊市・鴨之越には干潮の時にだけ現れる美しい干潟海岸がある。しかし高潮の危険が大きいことから、住宅地と海岸は高さ1600mmの護岸で阻まれている。この提案では海に装置を浮かべることで、安全を得る代わりに失われてしまった人と海の関係を取り持つとともに、人々の生活の安全を図る装置を提案する。

作品講評

人間にとって場所があるということは本質的に重要なことで、さらにその建築の非常に初源的な役割として、自然と人間社会のあいだを調停するという役割があると思っています。この提案はその役割を示すと同時に、干潮時には居場所もつくれるような両義的なものをつくっていて、オブジェクトでありながらそれがある種の人間の居場所をつくるきっかけにもなる、かなり優れた提案です。(吉村真基)

67

Award Winners

NAGOYA Archi Fes 2024

— *The 2nd Day* —

入選作品紹介

(2日目)

最優秀賞
The Highest Award

ID149
名古屋工業大学
勝見 さくら
Sakura Katsumi

Project
モスタル再編構想

（2日目）

最優秀賞
The Highest Award

ID149
名古屋工業大学
勝見 さくら
Sakura Katsumi

Project
モスタル再編構想

川の西と東、紛争によって分断された2つの領域を繋ぐように全長約1kmの広場を設計する。日々の暮らしをかたちづくる営みを繋ぎ、自分と人々の日常や慣習への視点を転換するプロムナードを提案する。毎日のちいさな行為は人との繋がりを紡ぐきっかけとなり、モスタルの街全体へと広がっていく。

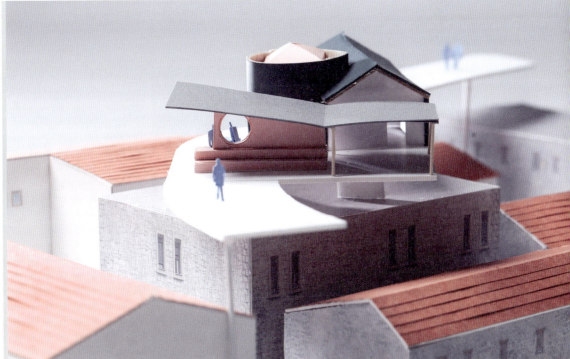

作品講評

●かなり夢想的な提案ですが、アンビルトだけでもこういうことが起こると世界が変わるかもしれないという、非常にユニークかつ面白い提案だと思っています。ここから18個の建築がどう有機的に機能していくのか、全体像をもう少し見てみたいという気持ちもありました。プランとCGはあるので、全体模型があるとなお良かったと思いますが、とても魅力的な提案です。(島田陽)

●民族の違いや、これまでの負の歴史というかなり深刻で重大な問題に対して橋をかけるようにして乗り越える発想が非常にさわやかで、そこから提案しがいのあるコンセプトになっていると思います。架け橋が飄々とまちの上で繋がっている状態が妙なストレスを与えたり削り取ったりせず、この軽やかさこそプロジェクトに対する答えとして救いになっているのではないでしょうか。自立への一歩の橋だと感じさせるために緻密にルーティングしていて、既存のまちの中に人が集まる場所を生み出そうとしているのにもとても好感が持てます。模型がのんきに見えてしまうので、まちのベースに存在するある種の重さと、その上に軽やかにかかる橋の対比まで模型表現ができるとより素晴らしい提案になると思います。(古谷誠章)

73

モスタル再編構想

site plan scale : 1/2500

site 03
歩道の下からスクリーンを下すと、屋外のシアターが出現する。大きなスクリーンを見るという共同体験が、私的な体験を共有するきっかけとなる。

site 04
ここで広場の高さは地上から30cmほど。親子が公園と行き来しながら時間を過ごすことができる。

site 06
広場は、紛争以降使われなくなった廃墟を通り抜けていく。この街ではありふれた、放置された廃墟に住民の自由な行動を内包すると、街の新たな一面が見えてくる。

site 11
集合住宅に囲まれ、屋外空間が不足しているこのエリアに共有のテラス・庭として日常的に利用できる屋外空間を提供する。

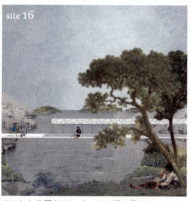

site 16
川にかかる既存のいくつかの橋と異なり、水面に近いレベルで橋を架ける。橋から水面、川、岸へと広場は拡張する。

site 17
周辺は宿泊施設と住宅が混在するこのテラスに登れば観光客も街の人々の生活や習慣を知るきっかけになるだろう。

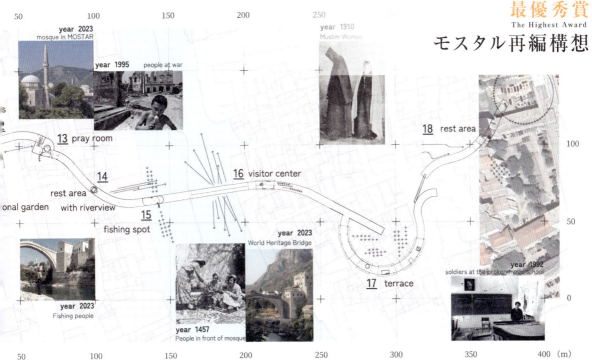

モスタル再編構想

最優秀賞 The Highest Award

同じ街に住みながら、川の西と東、紛争によって分断された2つの民族が心にバリアを感じながら分かれて住む地域を1つに近づけたいという思いで計画を構想した。

1992年、ユーゴスラビア崩壊を受けボスニア戦争が勃発した。紛争は多くの死者を出し、現在もその傷跡は街に残っている。現地で知ったモスタル市の歴史をきっかけに、紛争後分断された2つの領域をつなぐことを考え始めた。

敷地はボスニア・ヘルツェゴビナ、モスタル市の中心部約1kmの線上。クロアチア人が住む西側とムスリム居住地の東側をまたいで、帯状に展開する広場を計画し、その上に18の建築が並ぶ。抽出した18の生活拠点は、それぞれ周辺の条件や問題点から機能を選定し形を作り出す。

また、1つのエレメントが多様な行為を受け入れる体験を設計に取り入れるため、方向性を決めつけない円柱をモチーフに形をつくり、差異をそのままに受け入れる都市の姿勢をつくることを目指した。

こうして並ぶ建築群は、博物館や記念碑とは異なる形で両者の営みを取り持ち、日々の暮らしから視点を転換していく。毎朝コーヒーを飲むカフェ、休日釣りをする川岸の岩場、毎晩モスクから聞こえる礼拝の呼びかけ…日々の小さな出来事を楽しむ街の人々に、そこから拡張する新たなつながりを建築で提案しようと考えた。これらの建築群が人間より長い寿命で立つ姿は、戦争の残した問題に向き合うひとつの形になり得ると考える。

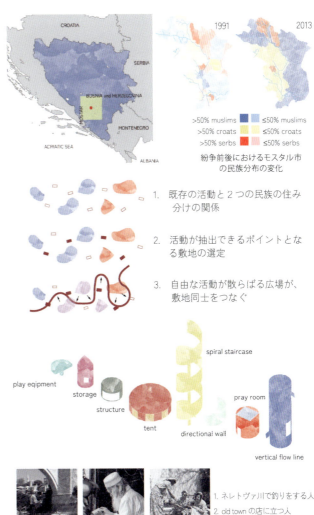

（2日目）**優秀賞**
Merit Award

（1日目）**伊藤淳賞**
Atsushi Ito Award

ID115
愛知淑徳大学
牧 嘉乃
Yoshino Maki

Project
山を建てる
— 山的設計手法による裁判所の計画 —

私たちは建築をどこまで偉大にし、どこまで親しみを持たせることができるのか。形態と道においてこれらを併せ持つ「山」を、建築に昇華することを山的設計手法と名付け、裁判所を計画した。

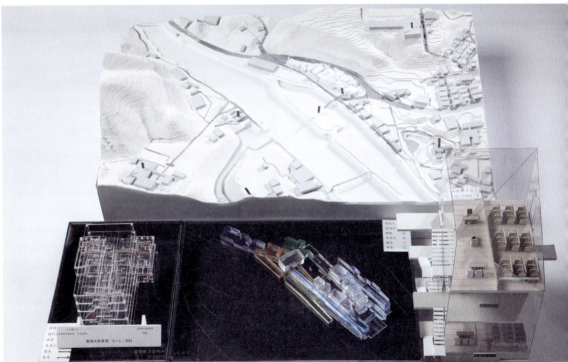

作品講評

●山を建てるという、山をデザインの手法にした所にこの提案の個性と面白さを感じました。それと結びつけたのが裁判所で、すごく絶妙な難しい建物にチャレンジされたのではないかと思います。(伊藤淳)

●模型を覗き込むとめくるめく集結が表れていて、山的設計論というよりも単純に設計をしていてすごく面白かったのではないかと思います。いろいろなシークエンスが表れていてその中に稜線がある点も含めて推薦しました。(島田陽)

●山という概念の言葉のようなものが難しいところではありますが、従来の施設型ではない方法でどのように豊かな空間をつくるかという点にアプローチしようとしている設計だと思いました。特に内部空間にその良さが表れていると思うのですが、最終審査のプレゼンではシーンを小さくして集合させたプレゼンをしていたので、どのような空間かを提言していたらさらに良かったと思います。(高野洋平)

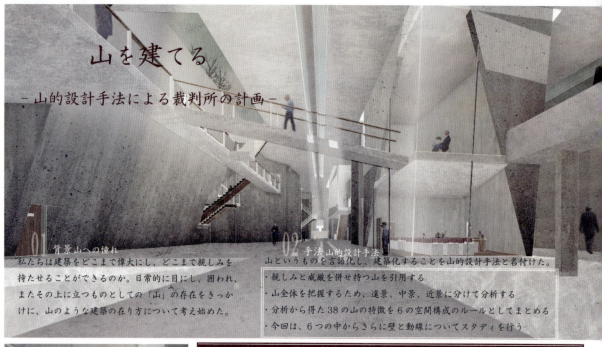

山を建てる

― 山的設計手法による裁判所の計画 ―

01 背景 山への憧れ

私たちは建築をどこまで偉大にし、どこまで親しみを持たせることができるのか。日常的に目にし、囲まれ、またその上に立つものとしての「山」の存在をきっかけに、山のような建築の在り方について考え始めた。

02 手法 山的設計手法

山というものを言語化し、建築化することを山的設計手法と名付けた。
- 親しみと威厳を併せ持つ山を引用する
- 山全体を把握するため、遠景、中景、近景に分けて分析する
- 分析から得た38の山の特徴を6の空間構成のルールとしてまとめる
- 今回は、6つの中からさらに壁と動線についてスタディを行う

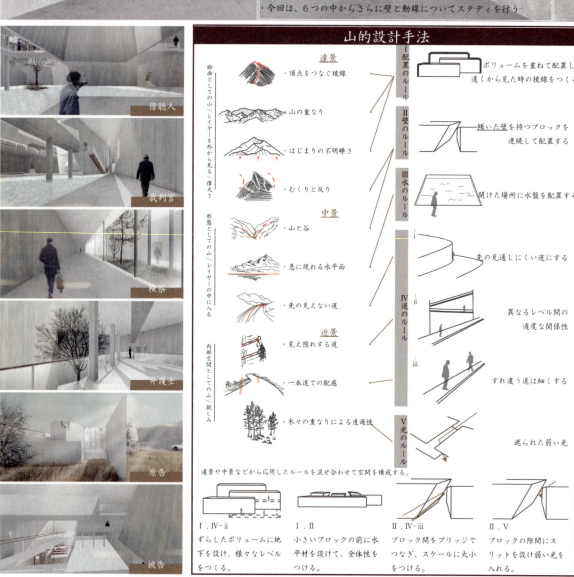

優秀賞 伊藤淳賞
Merit Award　Atsushi Ito Award

山を建てる
― 山的設計手法による裁判所の計画 ―

03 提案 裁判所

本設計では山的設計手法を裁判所の設計に用いる。
複雑な立場の人々が同じ空間にいる点、現在は権威的で事務的でありすぎる点などから、
本手法によって空間を再構築可能でありそうだと判断し、選択した。したがって、山的設
計手法により、親しみと威厳を併せ持つ裁判所を計画する。

大法廷
法廷内の見る・見られるの関係を再定義し空間を構成する。

被告　　お互い見えない　原告
裁判官　一方的に見る　裁判官以外
傍聴人　お互い見えない　被告 / 原告

設計

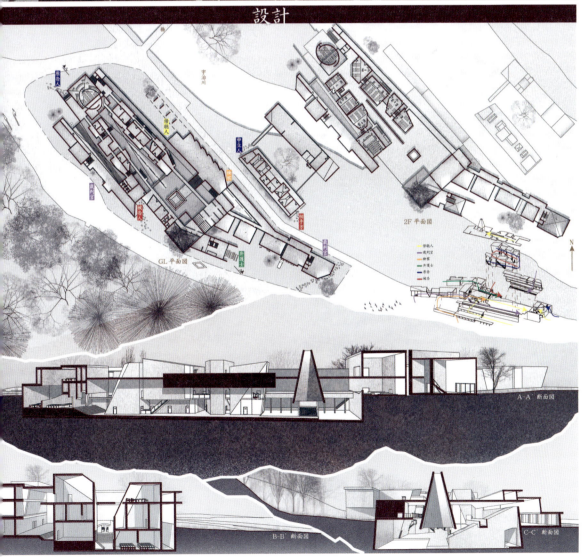

(2日目) **優秀賞** Merit Award
(1日目) **野中あつみ賞** Atsumi Nonaka Award

ID124
名古屋市立大学
山本 明里
Akari Yamamoto

Project
ポッケ ミッケ
— きょうだい児と不登校児のための1kmの居場所 —

制度や社会など、さまざまなものの「はざま」にいてケアを必要とする子どもたちが、1kmの長い緑道の中で、社会との距離感を自由に行き来し、安心できるあたたかい日常の居場所を見つける。家と学校に留まらないさまざまな居り方を許容する空間により、彼らの閉じた世界を開いていくようなケアの環境を提案する。

作品講評

●山本さん自身の体験ということもあり、非常に丁寧に調べて「こういう場所があったら良い」と考えながら製作したことが感じ取れました。全体として均質化しているような印象を受けたので、もう少し感情の起伏に応じた強弱の強い空間や、何か暗い場所や高さが違う場所があっても良いと思います。もう少し建築側で多様性を出してあげていると、子どもたちが居場所を見つけやすいと思いました。(野中あつみ)

●自分の問題としてリアリティを持って設計された非常に地に足のついた設計だと思います。私も不登校児のための空間を設計する際に実際にいろいろな人に取材をしましたが、かなり繊細に扱わないといけない話だと実感しています。そういう実感のもとに、必要だと考えて空間を設計したことについては、当事者にしかわからないことがあるのだろうなと思いました。(島田陽)

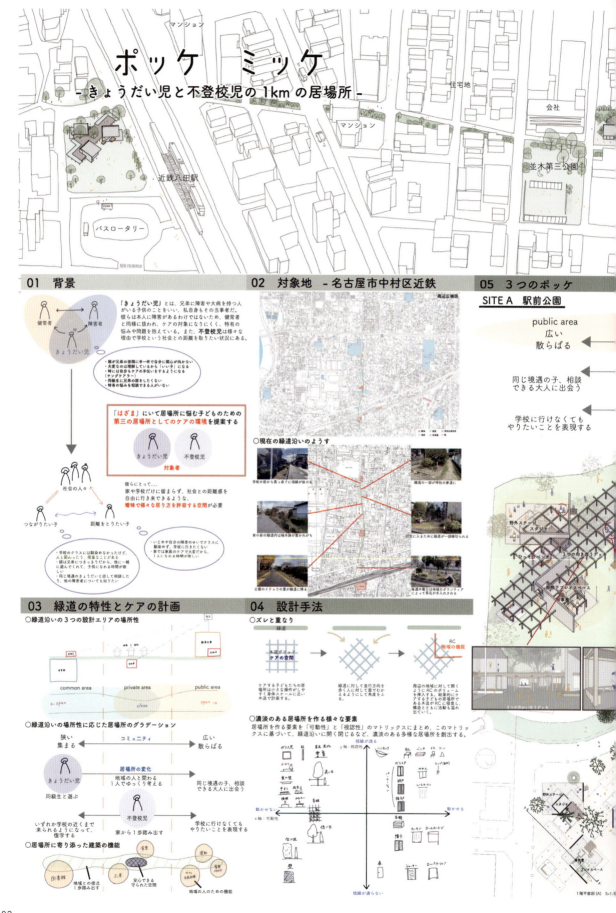

（2日目）

金野千恵賞
Chie Konno Award

ID186
名古屋大学
福井 奏都
Kanato Fukui

Project
Floating Bamboo-Platform
― バングラデシュ・ハオール地域における伝統農法を用いた水上農村計画 ―

バングラデシュのハオール地域は、雨季には水没し、集落や農作物に被害を及ぼす。魚の数が減少し、ハオールの人々は伝統的な暮らしを送ることが難しくなった。そこで、古くから伝わる水上庭園の復活により水害に強い農業を確立させ、水に浮かぶ竹造建築により洪水と風土との共生を図った水上農村を計画する。

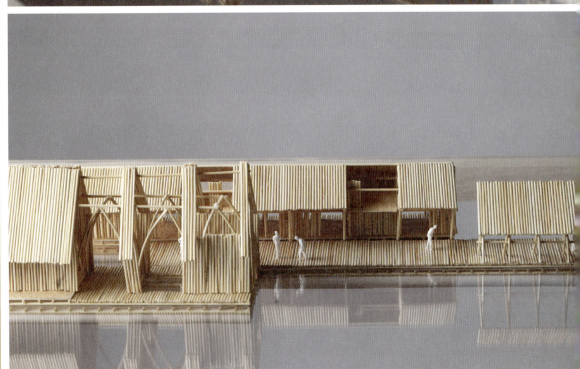

作品講評

●福井さんの提案は一見飛び道具に見えますが、彼が肌で感じている課題に対して一番ダイレクトにアクセスできる道を自分で探り当てて建築化したストーリーが聞けました。そういう漠然とした不安や課題に対して、どうすれば自分が入り込めるかという実感を一番得られていたと思います。(金野千恵)

Floating Bamboo-Platform
−バングラデシュ・ハオール地域における伝統農法を用いた水上農村計画

竹とドラム缶から成るフロート式プラットフォームにより水に浮遊する。

水上住宅 軸組み構造

水上住宅 断面

Background ： 海面上昇起因の自然災害の頻発・洪水大国バングラデシュ

浸水被害を被る農村住宅　　農作物への水害　　舟社会　　三日月湖の

Site ： 伝統生活の崩壊した「ハオール地域」と先祖伝来の「農園筏」

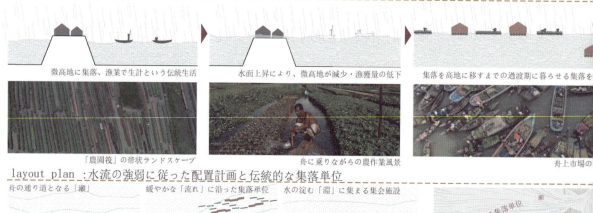

微高地に集落、漁業で生計という伝統生活　　水面上昇により、微高地が減少・漁獲量の低下　　集落を高地に移すまでの過渡期に暮らせる集落を

「農園筏」の帯状ランドスケープ　　舟に乗りながらの農作業風景　　舟上市場の

layout_plan ： 水流の強弱に従った配置計画と伝統的な集落単位

舟の通り道となる「瀬」　　緩やかな「流れ」に沿った集落単位　　水の淀む「淵」に集まる集会施設　　3〜4世帯から成る集落単位

水の流れが速いため、筏を浮かべない。　3〜4世帯から成る伝統的な集落単位を流れに沿って配置　水の流れが非常に静かなため、集会施設を配置

Plan ： 既存農村住宅の空間構成　と「農園筏」による帯状のランドスケープを踏襲した平面構成

「農園筏」の寸法を踏襲した3m、6mのスパンの利用する。

ベランダ・主室・炊事場という既存農村住宅の空間構成を帯状平面に展開し、「農園筏」のランドスケープと一体化させる。

竹の隙間から光が差し込むベランダと「農園筏」での農作業風景

圧縮竹編みでできた床・妻側壁とポリカによる内部空間としての炊小場

水上住宅 平面図

Floating Bamboo-Platform

― バングラデシュ・ハオール地域における伝統農法を用いた水上農村計画 ―

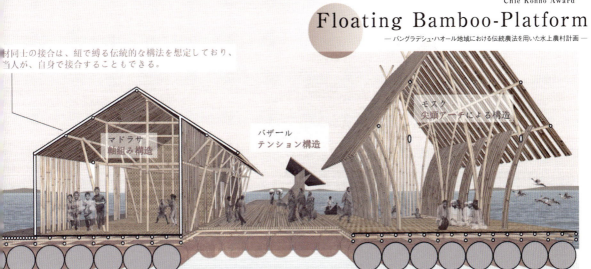

Diagram：現地調達可能な竹を用いた竹造建築とフローティングシステム

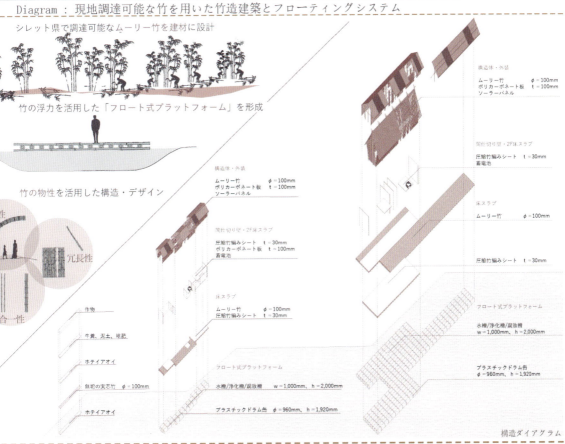

（2日目）
サリー楓賞
Kaede Sari Award

ID142
愛知工業大学
久保田 華帆
Kaho Kubota

愛知工業大学
益田 大地
Daichi Masuda

Project
水ぎは、すこし灯りて
— 小集落における地域共同発電を核としたまちづくりの提案 —

我が国には、6万弱の集落が存在している。しかし、10年以内にはおよそ6割まで減少する見込みとなっている。集落という存在は儚くも美しいものだと謳われがちだが、本当は小さくも強くしなやかな、そして誰かの故郷である。本提案は、日本に多くあるそういった集落を守るためのものである。

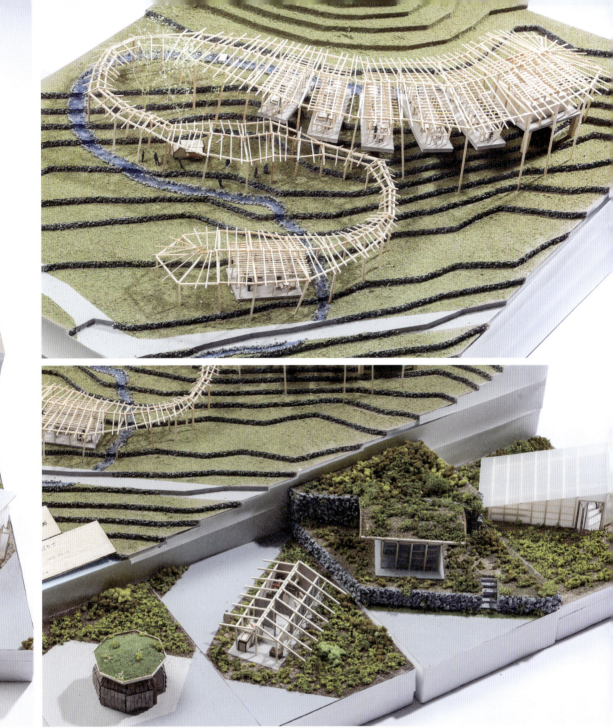

作品講評

●無理にコミュニティ化や観光地化をして課題解決を図るのではなく、あり得るべき手段であり得るべきスケールでやる。リーズナブルであり、ロジカルな提案でバランスが取れていると思います。(サリー楓)

●自給自足的に地域が一丸となり生活感を持とうとするところに大いに共感しています。この地域には観光客なんて呼ぶ必要はないと思います。この地域の人たちがもっと平和で楽しく、自給自足的に生活を送るにはどうすれば良いかに軸足を置いてくれたら、素晴らしい可能性があると思いました。(古谷誠章)

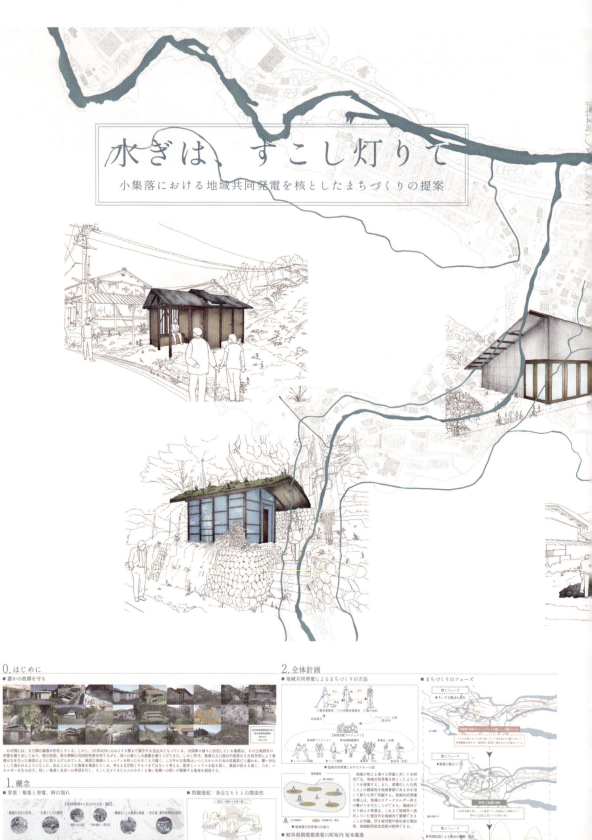

水ぎは、すこし灯りて
小集落における地域共同発電を核としたまちづくりの提案

サリー楓賞
Kaede Sari Award

水ぎは、すこし灯りて
— 小集落における地域共同発電を核としたまちづくりの提案 —

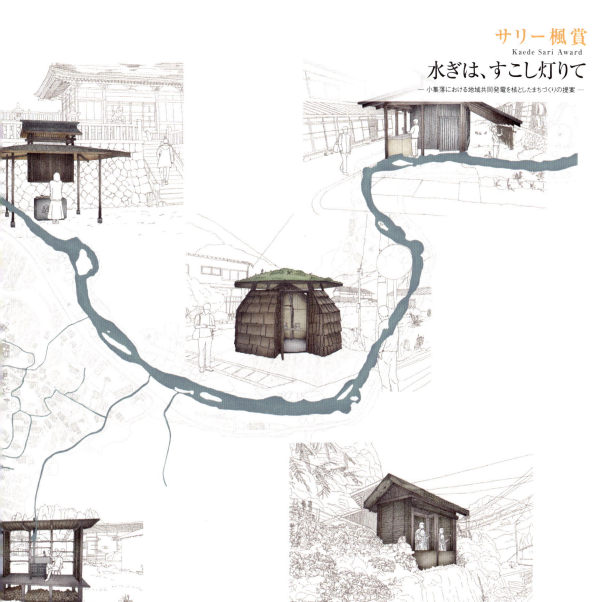

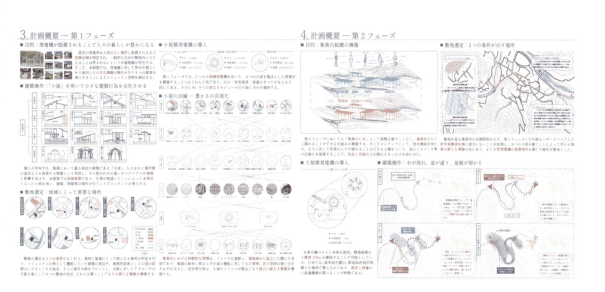

（2日目） **島田陽賞**
Yo Shimada Award

（1日目） **植村康平賞**
Kohei Uemura Award

ID184
大同大学
鈴木 佳那子
Kanako Suzuki

Project
家族の壁
— 互いの理想的な距離を体現する壁による自邸リノベーション —

『家族は一緒にいるもの』、『隠し事はあってはならない』という考えにより、現状の住宅を構成する「壁」は、無価値な存在となっている。入浴中や自室でのんびりしている際も無断で入ってくる。そのため、現状の空間性や動的要素を保護しつつ、家族の良好な距離の保ち方を主題とする。「壁」から始める自邸リノベーション。

作品講評

●距離感の近い家族に対するリスペクトがあり、いかにして良い距離感をつくれるかに取り組んでいて、愛のあるテーマだと思いました。決して家族との距離を遠ざけたいという提案ではなく、おばあちゃんと一緒に食卓を囲んだりコミュニケーションが生まれる壁があったりとパターンもさまざま。限られた空間の中で、新たな家族との距離感や関係を築けるささやかな操作がされており、面白い提案ができているなと思い選びました。(植村康平)

●卒業設計は基本的に自分のためにやれば良いもので、「誰かが評価したから良い・悪い」とかではないと思っています。一生で数回しかない自分に問題を出して答えるような機会なので、問題が上手く解けたらそれはそれで良く、上手く解けなかったからといって意味がなかったり、もったいなかったりする話ではないと思います。卒業設計はそういうものだと思っているので、なるべく自分のためにボールを投げて欲しいです。そういった意味で「家族の壁」は自分のためにボールが投げられていてすごく素晴らしいと思いました。(島田陽)

93

家族の壁
互いの理想的な距離を体現する壁による自邸リノベーション

設計目的

『家族は一緒にいるもの』、『隠し事はあってはならない』という考えによって、私の住宅を構成するあらゆる「壁」は、現状役割を果たせていない。入浴中や自室のんびりしている際も、当たり前のように無断で入ってくる。

このことから、生活には良好な距離を設けることが快適な暮らしに重要なものだと考えるようになった。いいかえれば、『無干渉な家族やすれ違いのある家族にも、現状の暮らしにあった距離感の保ち方、すなわち【家族の壁】が存在する』ということだろう。これに伴い、空間や現状の行為を保護しつつ、「壁」をはじめとした自邸リノベーションを行う。

設計手法

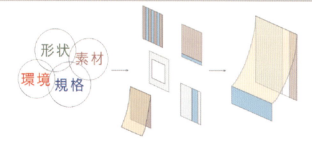

設計では、家族の暮らしを観察し、「壁」を構成する要素としてシーンを抽出することで、家族間の良好な距離について分析する。次に、環境・形状・規格・素材の要素によるプロトタイプを生成する。さらに、それらを家族間の良好な距離に配慮して評価し、配合することで住宅をリノベーションする。

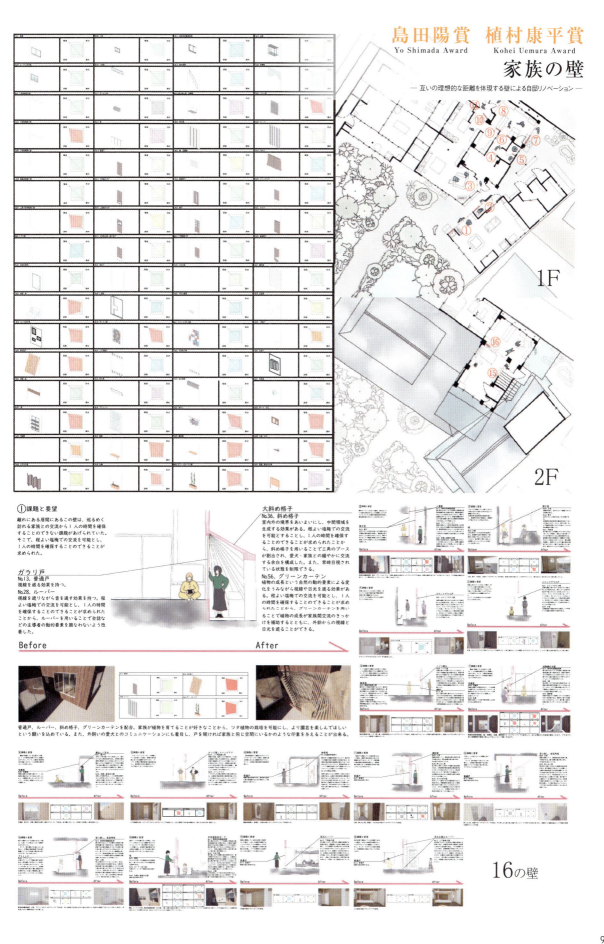

（2日目）

高野洋平賞
Yohei Takano Award

ID153
名古屋大学
山田 ひな
Hina Yamada

Project
Social Infratecture
― 2050年の都市の空隙に暮らす ―

そう遠くない未来である2050年に、縮小していきながらも豊かになっていく都市の姿を想像する。スポンジ化により生じる空隙にサービスモビリティと一体となるインフラを計画し、複数の街区全体で一つの家のように暮らす新たな共生の在り方を描く。

96

作品講評

●いろいろと物議を醸しましたが、未来の在り方を積極的に考えており、それが表現上少し伝わりづらい部分もあったかもしれません。未来に向けた構想を真摯に考えていることが伝わる良い提案だと思いました。(高野洋平)

●透明な屋根が損をしていますが、都市に発生する問題をダイナミックに捉え、その先のモビリティが革新されていく未来を見ているところに着眼の確かさがあると思います。(古谷誠章)

Social Infratecture
2050年の都市の空隙に暮らす

■ 都市の住居地域におけるスポンジ化

都市の住居地域ではマンション・店舗が建っている大通りや街区の角地以外の不動産価値の低い場所を中心に空隙が生じている。

■ 2050年の都市を仮定する

2024年現在の建物が一部残っており、技術革新によって完全に自動運転化した社会を仮定し、新しい都市の暮らしを想像する。

■ まちの痕跡を残し活用する

2050年までに解体された木造住宅の基礎や地下室、外壁、敷地境界などの痕跡に屋根をかける。

まちの記憶を残しながらも、それまでとは異なるアフォーダンスを引き出す。

■ 新しい「家」のかたち

家の中で行われていたことを空隙において空間化すると「家」が個室化する。

■ Infrastructure × Architecture = Infratecture

サービスモビリティ(移動販売車、訪問サービス車など)と部屋が一体化し、専門性が高まったり即興的な場が生まれる。

サービスモビリティと部屋が一体化している様子を俯瞰すると、都市のある領域で一つのまとまりになっており、受け皿のような建築は社会インフラとして人々の生活を支え、繋ぐものになっている。

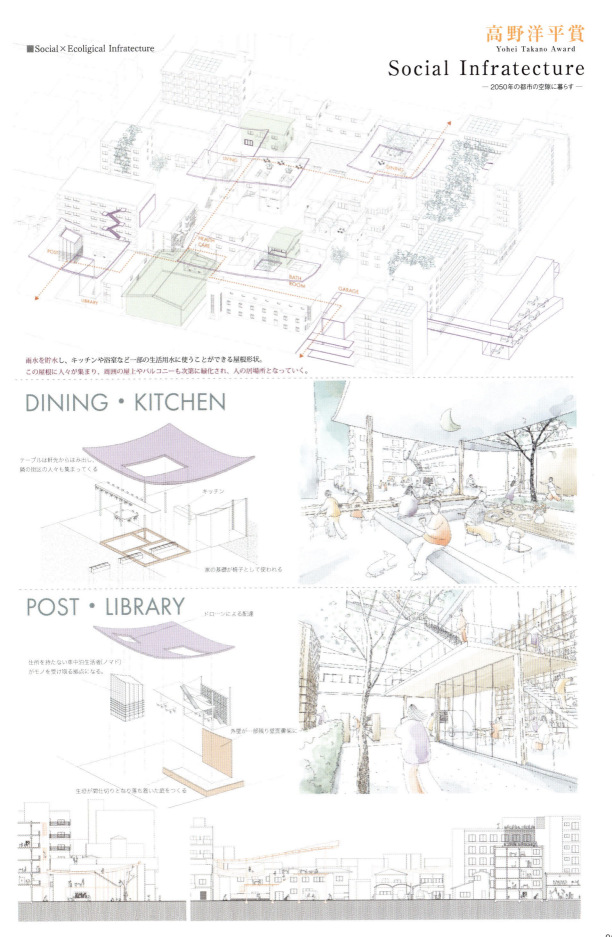

入選作品紹介

（2日目） **ファイナリスト**
Finalist

ID106
愛知工業大学
髙橋 知来
Tomoki Takahashi

Project

煙を灯す
― 煙突から始まる自然との暮らしの提案 ―

敷地の愛知県美浜町には豊かな自然を生かした生業文化が残るが、さまざまな問題により衰退しつつある。そこで本提案では、美浜の暮らしを支え明るく照らし、失われてもなお人々の記憶に残り続ける煙突をもとに、失われつつある美浜の暮らしを紡ぐ生業拠点を計画することで、美浜の豊かな自然との暮らしを提案する。

作品講評

煙突がただ製塩業に必要なだけではなく、かつての煙突のある景色がその地域をつくり出していることを思い出してもう一度立ち返る提案ですが、製塩業を行うのは中央の一基のみで、その他の施設は製塩業で必要なほど積極的な理由がありません。それぞれの煙突に対して現代的な意味や機能をもっと徹底して与え、ギアの周りの部分は機能にふさわしい平面計画や建築計画をするとさらに良かったのではないかと思います。（古谷誠章）

NAGOYA Archi Fes 2024

(2日目) 古谷誠章賞
Nobuaki Furuya Award

ID152
名古屋大学
浅井 美穂
Miho Asai

Project
交錯する商と芸

劇場と商店街の空間的・機能的な親和性に注目し、商店街に点在する空きスペースに劇場空間を挿入することで、より地域に開かれた日常生活の延長線上にある劇場を設計する。虫食い状の空き家も、それらを集積し一体としてコンバージョンすることによって都市のパブリックスペースになり得ることを提案する。

作品講評

京都の商店街を演劇空間にするという身近で地に足のついた提案だと思いました。細長いアーケードから派生する商店街の向かい合う町家を、演劇空間に仕立てた緻密な計画は現実性もあり、実際に行えば名所になりそうなプロジェクトです。演劇で盛り上がっている情景が表現しきれていないため惜しいですが、誠実で良い提案だと思い選びました。(古谷誠章)

入選作品紹介

（2日目）**オンライン賞**
Online Award

ID141
愛知工業大学
青山 紗也
Saya Aoyama

夏。高架下を潜る川は、多様な生物が宿り涼みを求めた人で賑わう　無骨な格好の高架だが、地域の自然は柔らかく優しく包み込む。秋。

Project
繕いの更紗
― 風景を断つ大規模開発への間戻譜 ―

風景とは、時代の移ろいと共に変化してゆく流動的で儚いものである。目まぐるしく風景が変化する今、日本各地で進行する大規模開発行為に対し、地域らしさを残す開発が必要ではないか。新たに挿入されるメガストラクチャーと人の営みのスケールを既存風景と紡ぎながら、ランドスケープという手法で新たな風景を創造する。

Participation
Designs

NAGOYA Archi Fes 2024

作品紹介

作品紹介

ID101
金城学院大学
藤田 柚花
Yuzuka Fujita

Project
垣間見る
― 二七曲がり街道が通る集合住宅 ―

イベントではなく普段の生活から集合住宅の雰囲気を感じ、集合住宅に住む人をより身近に感じることができる空間を目指した。そこで集合住宅を街道が通る街区に設計し、住戸をpublicな道に対し開いた設計とした。住人が生活を見せるということよりも、道を利用する人から集合住宅の住人の暮らしが垣間見えるようにした。

ID102
金沢工業大学
中村 幸之介
Konosuke Nakamura

Project
界隈性をつくる建築の余白
― 市民が寄り合い、市民によってつくり替えられる地域拠点 ―

建築は、使用者のための物であり、完成されたものを使用者が与えられるのではなく、使用者が使いやすいようにつくり替えて完成させるものであるべきではないかと考える。人の手で行われる小さな変化が連鎖することでつくられる土着性のある空間を、余白をキーワードにして計画する。

ID103
長岡造形大学

中村 風太
Futa　Nakamura

Project
都市の蜃気楼

都市は動的に変遷を続ける。しかし、その中にはかつて負の遺産として埋没した、確かに今も息づいている隠れたレイヤーがある。そこで、都市の隠れたレイヤーを顕在化することによって思考実験的に都市の変遷を建築化した。他者性と恣意性の衝突によって発生した蜃気楼の観測と、これからの都市の在り方に関する考察の記録。

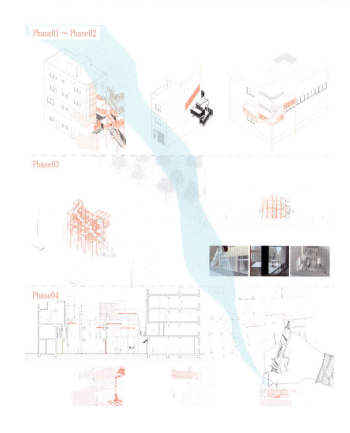

ID104
名城大学

都築 萌
Moe　Tsuzuki

Project
気持ちに寄り添う、
日常の育み
― こどもホスピスの新たなかたち ―

こどもホスピスは、LTCの子供とその家族がサポートを受けながら、子供の成長・発達を支える場所である。しかし、その認知度は低く体制は十分に整っていない。本提案によりこどもホスピスが普及され、病気をもつ子供とその家族にとって居心地の良い場所となり、全ての子供の成長に彩りをもたらすまちとなることを期待する。

作品紹介

ID107
静岡理工科大学

藤田 亮太郎
Ryotaro Fujita

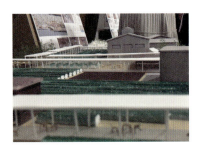

Project

境界慣行

古くからお茶と共にあるこのまちの風景が失われつつある。後継者不足やお茶離れなどの問題は、生産者と消費者の壁の厚さを顕著に表している。茶畑の中で必然的に出来た境界が両者の関係を再構築し、お茶に興味を持つきっかけを与えられるのではないかと考えた。みんなで創り上げる茶畑の新たな風景を目指す。

ID109
愛知淑徳大学

中西 祥太
Shota Nakanishi

Project

舟屋を紡ぐ

舟屋に新たな価値を生み出す提案を行う。舟屋はずっと新井崎にあり、その土地らしさを表している。街並みを残し生かすことが各地で求められるいまだからこそ、新井崎の舟屋にも目を向け次の世代に受け継いでゆく必要がある。おもかげやよさを残したまま馴染ませるべく、小さな改修を許す簡易的な仕組みにした。

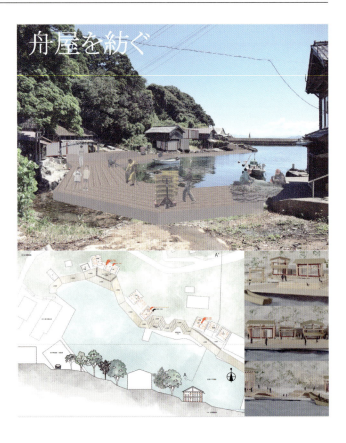

ID110
愛知淑徳大学

杉浦 康晟
Kosei　Sugiura

Project
立体記紀

日本神話には、天地の始まりから日本国の島々の誕生、そして天皇陛下の始まりなど日本という国がどのように建国されたのか明確に記されている。しかし、現代の日本では日本神話の内容を知っている人はほとんどいない。それは、歴史的な理由だけではなく、一般に「読みもの」として認識されていないことが考えられる。そこで私は、日本神話を立体化することにより神話を体感できる建築をつくり、文学として日本神話を知るためのきっかけとなる施設を設計する。

ID111
名城大学

高木 柊
Shu　Takagi

Project
アーケード街で過ごす。
— 商店街の転用による新たな居場所づくり —

衰退が続くアーケード商店街に残された余剰空間を、モジュール化した間貸空間に変換し、街に還元する新たなネットワークの構築から、地域住民が日常的に過ごせる居場所に転用することで、アーケード街全体に賑わいを創出させる。地域住民にとってアーケード街が家の延長のような拠り所となる建築を提案する。

作品紹介

ID113
名古屋工業大学

森下 あゆ
Ayu Morishita

Project
＃工場萌え体験記

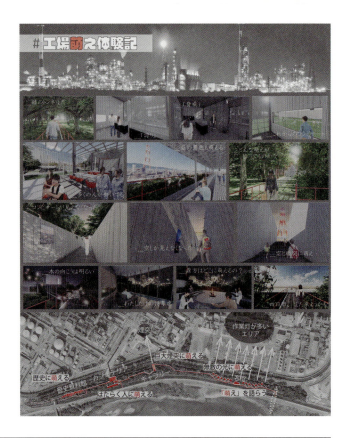

工場萌えという言葉を聞いたことがあるだろうか。コンビナートなどの工場の造形美、機能美を鑑賞する行為のことを指す。私の地元である四日市には海沿いにコンビナートが広がり、私も今まで「萌え」てきた1人である。その経験から、「萌え」をより深く体験する、特別な1日を提案する。

ID114
大同大学

岡本 歩睦
Ayumu Okamoto

Project
員弁の地霊
— 埋没する地霊と未来の地霊に倣う —

私の故郷である三重県いなべ市、ここは自然豊かな場所である。そんな場所に来年東海環状自動車道が建つ、それは員弁（いなべ）にとって異物だと感じた。それを員弁に馴染ませるとともに将来、いなべ市の地霊となるように過去、現在、未来の地霊の交点となるような設計を行い、新たな員弁の地霊を設計する。

ID116
愛知淑徳大学

紺野 貴心
Kishin Konno

Project
水辺とともに在るために
— ダム撤去後の和田川における水車を取り入れた建築群の計画 —

20世紀以降全国で建設されたダムは、現在では洪水などの災害を起こす原因となっている。敷地の富山県砺波平野もダムに起因する洪水に見舞われた。この地に17世紀から続く散居村の水辺とともに在る仕組みを取り入れ、ダム撤去後の敷地に幾何学や彩色を用いた積み木的な建築を設計し、人間と自然の在り方について考える。

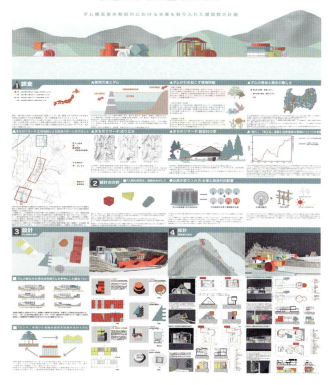

ID117
静岡理工科大学

牧田 実夕
Miyu Makita

Project
阿多古を漉く

静岡県浜松市にある阿多古村は、江戸初期から和紙づくりが行われてきた。しかし、暮らしの風景であった和紙づくりは衰退により建物の中に閉じ、姿を消している。和紙のように繊維が幾重にも重なることで強度が出るように、阿多古に根付く暮らしや産業、観光が重なり合い根強く繋がっていく町の核となる建物を目指す。

作品紹介

ID118
福井大学

森田 慶助
Keisuke Morita

Project
集落、百景を成す。

産業の高度化や、テクノロジーの進歩による均質化によって風景が淘汰され、まちが魅力を失っていく時代。これからの設計手法には風景をアーカイブするという必要があるのではないだろうか。集落を舞台に図鑑をつくるという設計手法によって、風景の小さな魅力を拾い集め建築し、まちのファサードとなるような建築を提案する。

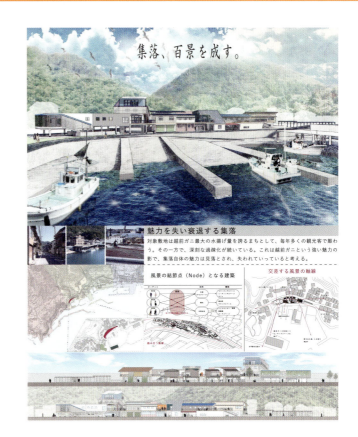

ID119
福井大学

内藤 三刀夢
Satomu Naito

Project
呼応する建築

「モノ」は人に呼応し形を変化させる性質を持っている。元が同じ形の「モノ」であっても、さまざまな外的要因によってその姿を変化させていく。私は「モノ」の持つこの性質を基に、建築と人の関係性を見つめなおすことで、再開発により進む都市の無機質化や、建築に対する威圧的で関わりづらいイメージなどの問題を解決する。

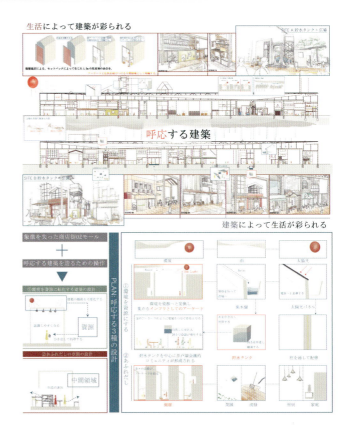

ID120
中部大学
福西 優斗
Yuto Fukunishi

Project
BIO-VILLAGE TAPIO
— 菌糸体建築:始原のリズムが人類の進化を導く —

太陽のリズムから逸脱した生活を送るようになった我々人類は、絶滅した種から見るに、すでに絶滅しているはずの種である。菌糸体とアグロフォレストリーを用いて、存続に伴ってきた破壊してきた森林を、これ以上破壊せず、長期プロジェクトとして森に迎え入れられるように、ゆらぎのリズムにのって増殖していく村の設計。

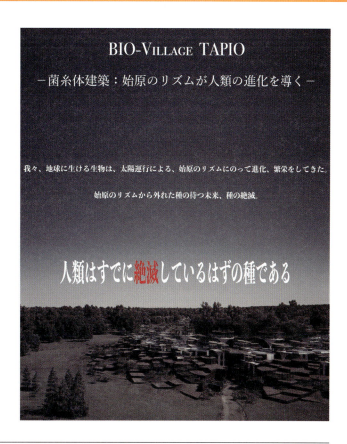

ID121
名古屋工業大学
岡本 健汰
Kenta Okamoto

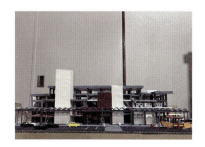

Project
百貨再編
— 減築を用いた祝祭の舞台への転換 —

地方の百貨店は変化するニーズに対し、その役割・在り方の変化が求められている。地方百貨店を「祝祭の場」として再定義し、まちの営みが祝祭として立ち現れる場所を減改築の手法により提案する。津に暮らす人々の祝祭の場を百貨店が彩ることで、積み重ねられた歴史と私たちの記憶に残る風景を未来へつなぐ。

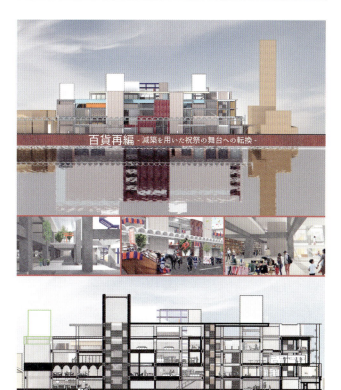

作品紹介

ID122
愛知淑徳大学
加藤 咲良
Sakura Kato

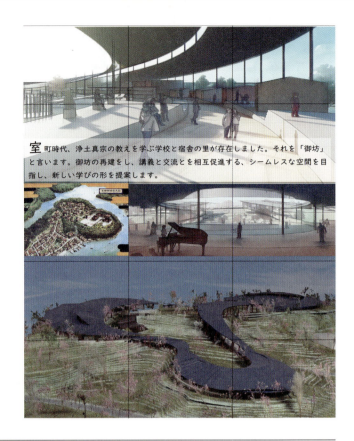

Project
講の森
― 吉崎御坊の再建 ―

さびれきった福井県の吉崎が、瞬く間に一大仏法都市に変貌を遂げるきっかけとなった室町時代の浄土真宗の寺院・吉崎御坊に興味を持った。その跡地に現代版の吉崎御坊を再建し、浄土真宗の教えを学ぶための学校を設計するとともに、一対多数の講義形式に加え、交流して高め合う空間を共存させた新しい学び舎の形を提案する。

ID123
名古屋工業大学
服部 廉
Ren Hattori

Project
AIR TRANSPORT HUB

名古屋にリニア中央新幹線が開通し、エアモビリティのオンデマンド運行が普及する時代を想定した交通拠点と可変式マーケットの複合建築を提案する。新たな交通拠点とマーケットが複合することで、観光客・出店者・地域住民それぞれにとっての体験価値を提供する名古屋の新たなランドマークとなる。

NAGOYA Archi Fes 2024

ID126
福井大学

牧野 胡太朗
Kotaro Makino

Project
小さな舞台の前日譚

私にとって福井県三方郡美浜町新庄は原風景の場所である。この場所は過疎化によって衰退が始まっている。二拠点生活や移住などの外から人を入れるのではない新しい過疎集落との向き合い方はなんだろうか。これからの向き合い方を私の家の減築・改築を通して考え提案する。

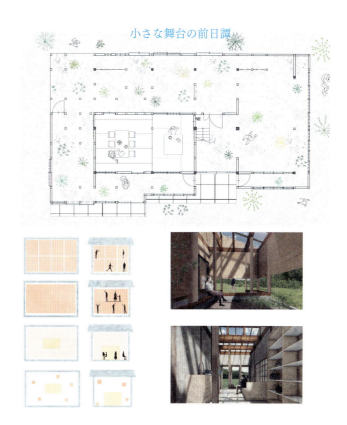

小さな舞台の前日譚

ID127
名古屋市立大学

水島 亜希
Aki Mizushima

Project
風の通りみち
— 都市の中に建つこども病院 —

この建築は「風を感じる」がコンセプトである。都市の病院で入院生活を送る患者は自由に外に出られず、外と繋がりが薄い。そこで本提案では外と繋がる要素として日ごとに変化する「風」を利用し、入院生活に変化を与えようと考えた。風は目に見えないが、布を利用することによって室内でも視覚的に風を感じることができる。

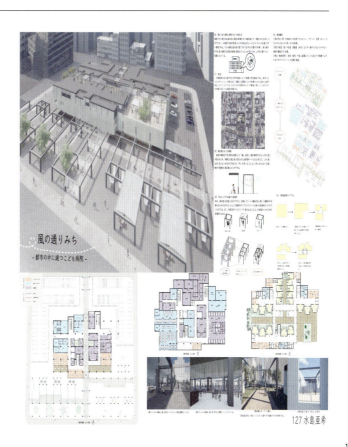

113

作品紹介

ID128
名古屋市立大学
勝田 莉央
Rio Katsuda

Project
ツクリテと学生の共同工房
— 新たな陶芸家の流入と継承 —

愛知県瀬戸市の「窯跡の社」を対象地として、新たに活動を始める若い作り手が瀬戸市で活動しやすい環境と、他の作り手や観光に訪れた人々との交流を促す工房・住居、そして実際に活動する作り手の近くでリアルな創作過程を経験可能な環境で学ぶことができる瀬戸工科高校専攻科の実習室を複合した共同工房を提案する。

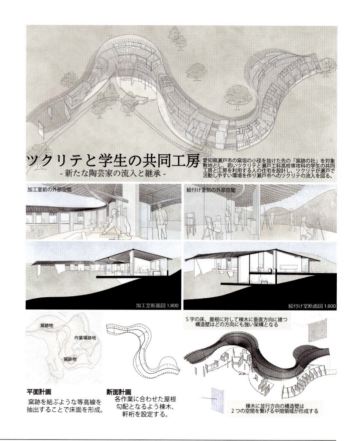

ID129
名古屋工業大学
井上 布乃香
Honoka Inoue

Project
ながれて、たまって、つながって
— 地域を分断する新堀川を 地域をつなぐ新堀川へ —

新堀川を浄化しながら物理的に地域に開く。そこに子供たちの文化的な活動拠点を配置する。子供たちの学校を超えた交流、さまざまな活動に挑戦できる場として提案する。子供たちの賑わいはまちに波及し、新堀川は人をつなぐ触媒となり、子供たちを中心に愛される川へと変化していく。

ID130
福井大学
山下 将輝
Masaki Yamashita

Project
群像建築永遠論

社会的弱者とは、人間がいる限り永遠に消えることのない存在であり、めまぐるしく変化するこの国では誰もがそうなる可能性を持っている。私たちと社会的弱者が交互に主人公になることで機能的な二面性を持ち、使われ続ける。そして時代や社会が変化しようとも、ユニバーサルな居場所としていつまでも残り続ける建築の提案。

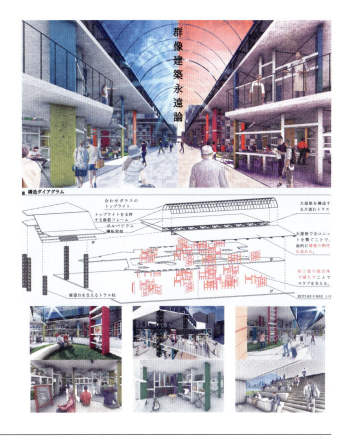

ID132
名古屋工業大学
加藤 優童
Yudo Kato

Project
メディウムが滲む

空想と現実が混ざりあうことで発生した展示空間内部に充満する"アートのための領域"という認識をメディウム(Medium)と定義する。枯れた大地に水路を引くように、メディウムを源泉から名古屋の街に流し込む建築を設計する。メディウムが滲み、人々がパブリックアートを再認識することによって、徐々に色づく名古屋の街を提案する。

作品紹介

ID133
静岡理工科大学

稲葉 洋人
Hiroto Inaba

Project
Fuji versitas
（フジベルシタス）
— 産業遺構転用計画、新たな文化・教育拠点による地域再活性 —

日本有数の工業都市として発展してきた静岡県富士市。玄関口となる駅前は、大きな工場群が占拠している。20XX年、駅前の姿はどうあるべきか。街の活力・魅力の向上を図り、持続可能な街になるべく、「学び」という一つの目的を持ったウニベルシタス（自治組織）が産業遺構内に新たな文化・教育拠点を構築していく。

ID134
静岡理工科大学

鈴木 里々花
Ririka Suzuki

Project
山麓のプロローグ
— ものづくり活動で生まれるまちとのつながり —

静岡県浜松市天竜区には多くの資源とものづくり活動の土壌ができている。ここにさまざまなものづくりを通して豊かな生活を生み出す施設を提案する。地元の資源を利用したギター工房やFabスペース、木・布工房の他に、それらと連関した劇場を付随する。この施設を中心に町全体に人の流れを生み出していく。

ID136
静岡理工科大学
森下 空々
Rara　Morishita

Project
ほっとするところ
— 人との距離を抜けで操作する、機能のない新しい空間 —

私たちは無意識的に自分の距離を持っている。自分と知らない人、自分と親しい人、自分と自分自身の3つに焦点を当てそれぞれの距離を操作して設計を行う。インターネットが普及し、リアルに人と人が気配を感じあうことが少なくなっているこの社会において、自分をただ受け入れ見守ってくれる距離が必要ではないだろうか。

ID137
名古屋工業大学
谷藤 拓海
Takumi　Yato

Project
飛騨春慶再生
— 伝統工芸産業と地域を結ぶ新たな工房の提案 —

高山市に400年以上の歴史をもつ飛騨春慶。職人たちは自宅兼工房で閉鎖的に仕事を行ってきた。地域との結びつきが弱くなっている今、地域住民や観光客が産業と積極的に関わり合う場が必要だと考えた。閉じられた工程を地域に開く。また地域住民や観光客が製作に介入し、伝統技法を町全体で継承する方法を探る。

作品紹介

ID138
静岡理工科大学

中川 照之
Teruyuki Nakagawa

Project
循環する市場
― 静岡市中央卸売市場新築の提案 ―

卸売市場は食のインフラ機関として長く我々の食を支えてきたが、近年では市民に対し、見学者通路を用いて市場内が開放されるなど、徐々に公共性が高まってきている側面がある。しかし、開放する上で市民に提供するのは市場内を見学できることのみで良いのか。今回の設計では公共性を備えた新しい卸売市場を提案していく。

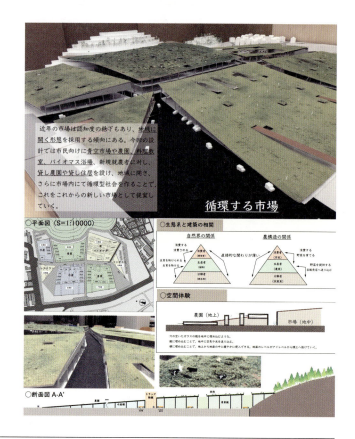

ID139
名古屋工業大学

都筑 祐人
Yuto Tsuzuku

Project
オバキタ学舎

名古屋市守山区の小幡北学区では緑豊かな住環境が残る。一方、コロナ禍や少子高齢化によって地域のコミュニティは希薄化し、この学区で自然保護を行う団体の一つが昨年解散してしまった。住宅街と緑地公園の間にある小学校と軽費老人ホームを複合化し、コミュニティを再生する新たな学びの場を提案する。

ID140
名古屋工業大学
加藤 拓実
Takumi Kato

Project
砂象風景

画面越しでどんな場所の景色も瞬く間に認知・共有できる時代に、自ら足を運び風景を望む意義とは何だろう。舞台は静岡県浜松市の中田島砂丘。殺伐と広がる砂の世界に、ミクロな視点で砂を捉える展望空間を提案する。社会から離れ自然の振る舞いに身を置く時間が、日々忘れていた心の豊かさを得ることを願って。

ID144
愛知工業大学
荻野 稜平／笠原 彰悟
Ryohei Ogino / Shogo Kasahara

Project
名古屋の都市構造再編戦略
— ウォーカブルな名古屋都市再生を目指して —

本計画では、ウォーカブルなまちづくりに向けた構想として、名古屋の都市構造を再編し、都市再生のきっかけとなることを目標とする。名古屋の都市構造を構成している都市基盤に着目し、中心核である名古屋駅と栄を繋ぐ形で、ウォーカブルなまちなかの形成を図る。

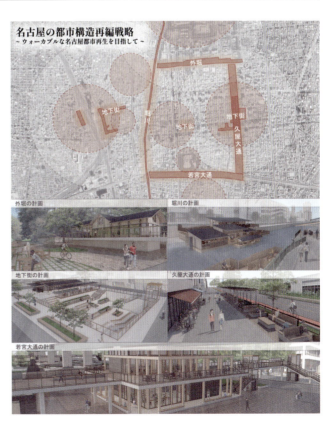

作品紹介

ID145
福井大学
山本 輝樹
Teruki Yamamoto

Project
高野台を紡ぐ住処

千里ニュータウンにおける住区の活動拠点として近隣センターがある。現在は近隣センターの機能が衰退し訪れる人が減少したため、地域拠点としての役割が果たせなくなっている。かつてあった銭湯を交流拠点の核として計画し、今の時代における高野台住区の交流拠点としての近隣センターの在り方を提案する。

ID150
名古屋工業大学
田中 千裕
Chihiro Tanaka

Project
甚目寺子屋

習い事に通ったり道端で遊んだりした小学生時代の放課後。私達には学年・学校に関わらず同じ場所で同じ時間を過ごし、まちの人から好きなことを学んだ大切な思い出がある。近頃、放課後の居場所がだんだんと失われていく甚目寺に、まちの人と接する体験や遊びを含めた生涯の学びの場「甚目寺子屋」を提案する。

ID151
大同大学

佐藤 新葉
Shinba Sato

Project
陽に影を、陰に輝を、

福岡県福津市に位置する宮地嶽神社は光の道で有名であり、神社の参道から沖合まで真っ直ぐの道が伸びており美しい景色が見え、多くの観光客が訪れている。しかしその一方で光の道が見られる日以外参道のお店はシャッターが閉まっており閑散としている。まず道自体に滞留域をつくり、そこから派生して周辺のボリュームを設計する。

ID154
名古屋工業大学

宮城 幹弥
Mikiya Miyagi

Project
追憶する巡礼路

私は祖父を亡くし既存の墓に疑問を抱いた。本当に、生ける者は故人を弔い、故人はそこで眠りたいと思えるのだろうか。そこで生命を育むため池に樹木葬地を計画する。故人は自然の循環に還り、新たな生命を育む。生ける者は巡礼を通し自然へ還った故人を弔う。これは死者と生ける者を紡ぐ新たな原風景となるのではないか。

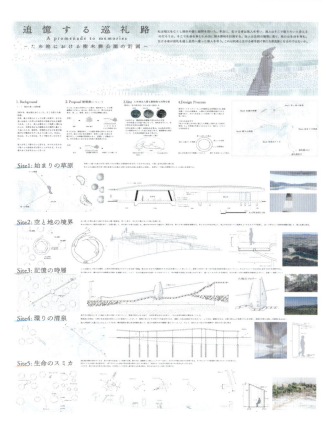

作品紹介

ID155
名古屋工業大学
加藤 陸
Riku Kato

Project
ミエッパリ商店街

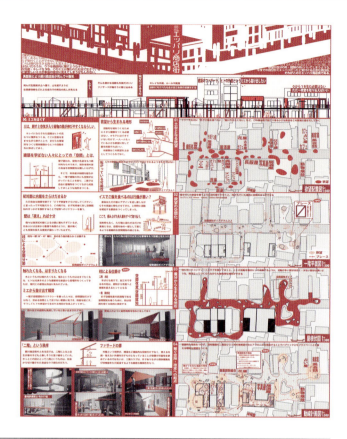

土は、耕すと空気が入り植物の根が伸びやすくなるらしい。本建築では、痩せた土壌となった商店街で小さな欲求のカタマリに対して柱で輪郭をつけ、その上に個人の欲求の表現が許されるような、地表の秩序からひとつ離れた大きな根を育てる。これは社会に求められるミエに囚われたヒトの開放を願うものである。

ID156
椙山女学園大学
山本 実穂
Miho Yamamoto

Project
水のサブリエ
— 鳴海配水場コンバージョン計画 —

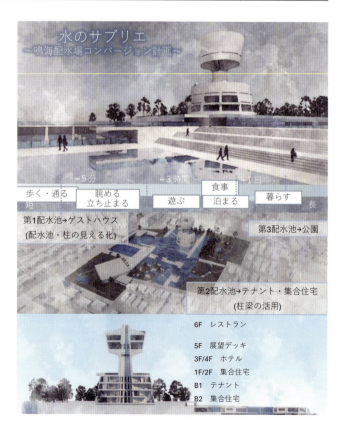

現在老朽化したインフラ設備の補修や建て替えは追いついていない。敷地である名古屋市緑区にある鳴海配水場もその一つである。配水塔の特徴的な形態を生かし、人と水、時間の関わりを感じられる場としてコンバージョンする。

ID158
椙山女学園大学

小林 可奈
Kana Kobayashi

Project
犬らしく・猫らしく・人らしく
— 家族以外の関わり方から生まれる新しい交流施設の提案 —

人間と共生し、癒しや幸せを与えてくれる犬や猫。しかし、保護施設との関係は切り離せない現状がある。互いの環境も異なるが、家族として迎える選択肢が全てであり、本当に幸せなのか……鹿子公園の森化した斜面を対象に、「飼う・飼わない」ではなく、関わり方・出会い方の選択肢を増やすことで自分らしく向き合う場を造る。

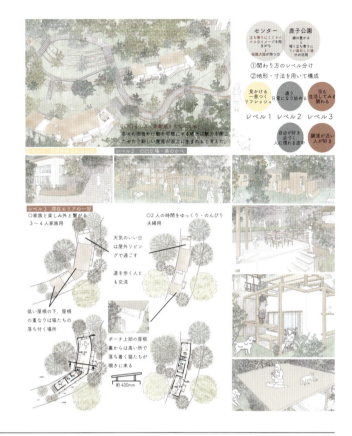

ID159
名古屋大学

大榎 真由
Mayu Oenoki

Project
Re-view
— 清水港にぎわい拠点計画 —

周辺施設・ランドスケープと一体的な親水公園と、観光客・市民の動線と富士山への眺望を意識した建築の提案により、清水港・日の出埠頭が物流拠点からにぎわい拠点へと変化する。

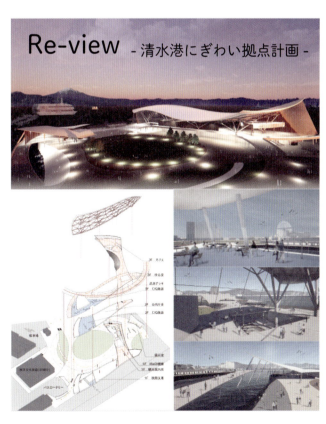

作品紹介

ID160
名古屋大学

谷戸 快地
Kaichi Tanido

Project

茅の中、暮らしの会間

岐阜県白川郷では「結」とよばれる相互扶助の関係による茅文化が続いてきた。しかし高齢化や茅不足によりその伝統は希薄になりつつある。本提案では集落の軸線と建築を受け継ぎながら、移住希望者の一時受け入れ先と茅の自給自足を担保する場を計画し、村外の人々を巻き込んだ出会いと暮らしの空間を提案する。

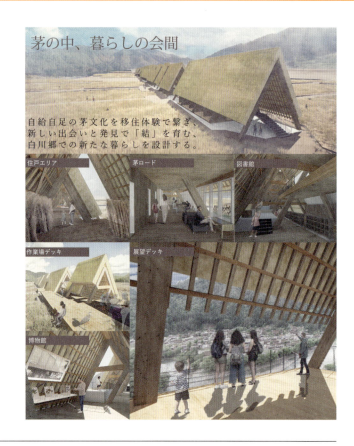

ID161
名城大学

坂井 優太
Yuta Sakai

Project

絵に住み続ける町
― 絵から導く風景との暮らしの提案 ―

年に1000人以上の絵描きが訪れ、その風景を描く文化が大正時代から根強く残るまちがある。しかし、近年は住み手の減少や水産業の衰退などにより、その美しい景観の中での暮らしは失われつつある。風景を絵描きの視点から再解釈し、風景の中での暮らし方を共有する建築を考える。

NAGOYA Archi Fes 2024

ID163
名古屋大学
日比野 雅俊
Masatoshi Hibino

Project
やぐら人が望む湾景

石川県穴水町住吉地区は山々に囲われた穏やかな中居湾に面する地域である。ボラ待ちやぐらに登った漁師が見た湾の風景と海辺の人々の営みを想像しながら、新たな交通拠点と一体的な文化施設を計画する。そして、まちと海の関係を現代的に再編する。

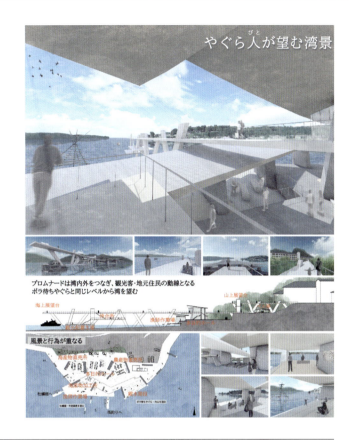

ID167
名古屋市立大学
土居 彩葉
Iroha Doi

Project
michi
― 和歌山と過ごす十月十日 ―

日本では出生率減少が深刻とされる。人口問題を抱える和歌山県の漁村を対象敷地とし、助産院を提案することで、地域の活性化、人口問題の解消を目指す。赤ちゃんが生まれやすい満月、満潮を感じられ、みかん畑の小道が通るこの場所で、お腹にいるまだ見ぬ未知な我が子と出会うまでの十月十日を、かけがえのない体験とする。

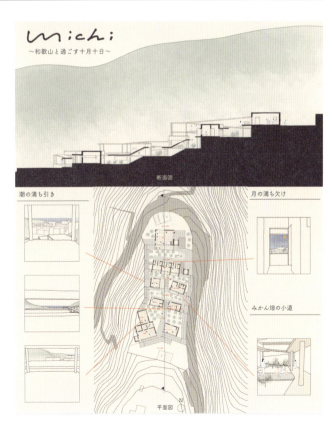

作品紹介

ID168
名城大学

森 歩翔
Ayuto Mori

Project
Final Shelter

建築と衣服は、人間の身体を守るシェルターとしての本質を共有している。しかし、これまでの建築と衣服で展開されてきた議論は直喩的な意匠としての交わりにとどまっている。建築と衣服を根源的行為から分析し、我々が向き合わなければならない現状と、建築と衣服の在り方を再定義する。

ID170
名城大学

天野 竜太朗
Ryutaro Amano

Project
都市的自然再考

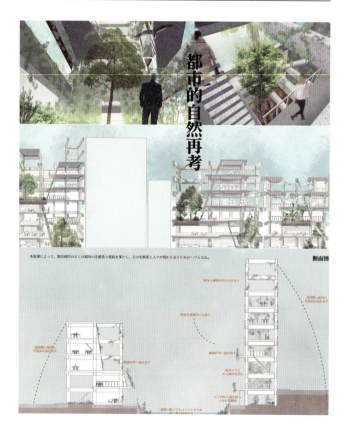

効率的、経済主体的に建てられたビルは、人の活動が内包的になり、外的環境の一切を感じられない。そのようなビル群で形成される都市では、自然を感じられる場は限られる。都市で人らしく過ごすためには、人工物であるビルと自然とが混ざり合い互いに支え合う空間が必要なのではないだろうか。

NAGOYA Archi Fes 2024

ID172
名城大学
和田 侑也
Yuya Wada

Project
集落終いの風景

かつては、カミやモノやタマやオニとの刺激に満ちた遭遇が生活世界に埋め込まれ、想像力豊かな世界が広がっていた。しかし、近代における科学の進歩によって、世界は大きく発展を遂げ、その発展は世界中で止まることなく続いている。本提案は、限界集落が人間界と自然界との間の風景を改めて構築する事を目指す。

ID173
三重大学
筒井 健心
Kenshin Tsutsui

Project
イチからジュウ
— 集まり交わる四国伝統工芸品創造の場 —

「伝統工芸品」とは日本が世界に誇れるものづくりである。生活に根付くものがある一方、存在の希薄化、後継者不足などが深刻であり、「絶やしてはならない」。この思考に相反して行動に移しがたいのが現状である。そこで、四国に点在する伝統工芸品と人を集めて交わりを促進し、新たな伝統工芸品を創造する施設を提案する。

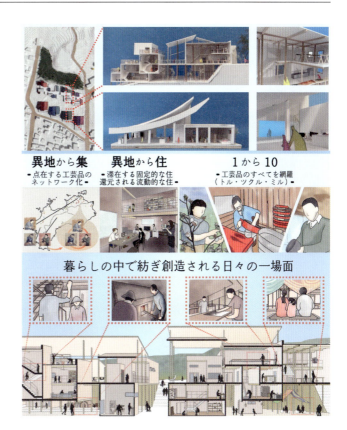

作品紹介

ID174
名古屋工業大学
岡田 梨里亜
Riria Okada

Project
うさぎのひとり立ち

瀬戸内海に浮かぶ小さなうさぎの楽園−大久野島は戦時中に毒ガス工場が栄え、地図から消されていた。今ではひとが野生のうさぎと戯れに島を訪れ、餌を与えることでうさぎは自力で生きる力を失っている。うさぎが野生へ還り、その過程の中でひとは平和になったこの島を感じ、うさぎとの正しい関わり方を見つけることを目指す。

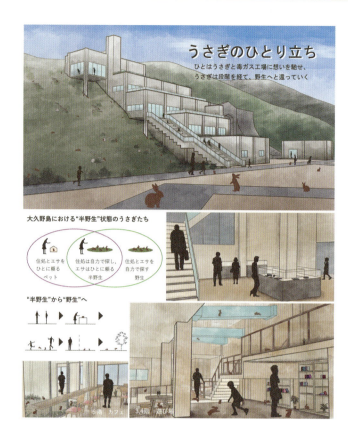

ID175
名城大学
川上 依吹
Ibuki Kawakami

Project
シネマイチノミヤ
― 鑑賞を核とした複合施設 ―

多様な人が行き交う駅ビルにおいて、鑑賞体験を通し、人と人が出会う場を提案する。サブスクリプションの普及により映画は映画館に行かなくても鑑賞できるようになった。同様に、オンラインショッピングの登場により、店舗に出向き買い物をする必要も薄れている。体験を伴った場としての新たな複合映画館の在り方を模索する。

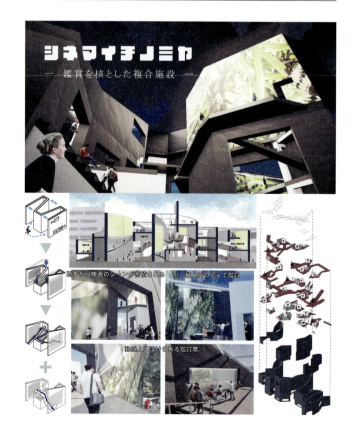

ID176
名城大学
鈴木 聡太
Sota Suzuki

Project
縁の下コミュニティ
— 観光産業を支える外国人労働者の居場所 —

岐阜県下呂市の温泉街は、多くの外国人労働者たちが観光産業の担い手として活躍している。彼らは日本語や文化に興味を持って来日しているが、職場である旅館と寮の行き来だけで完結してしまい、仕事以外で人と関わる機会を持てないのが実態であった。そこで温泉街の中に彼らの居場所をつくり、その生活風景が温泉街自体の魅力につながることを目指す。

ID178
信州大学
加藤 あゆ
Ayu Kato

Project
住処と住居
— 動物の巣の模倣による新たな居住形態の提案 —

動物たちは優れた建築家であり、多くの種が住処をつくる。住処の形状や機能を分析し、生物模倣により人間の生活の一部として置き換えることを試みた。動物の生きるための知恵が集約された住処から学ぶことは多く、住処をモチーフにしたアンビルトな住居を設計することで、建築が持つ可能性と構想力の提案を目的とする。

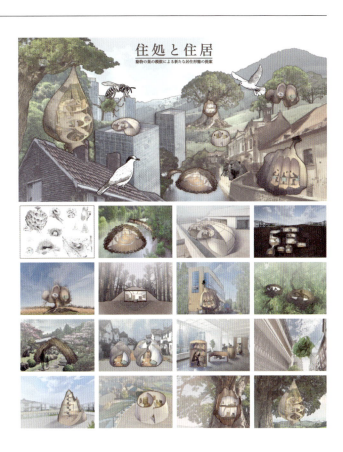

作品紹介

ID180
名城大学
和田 明花
Haruka Wada

Project
モテナシと垣根の ゲシュタルト
― 街区の再構成と溜まり場的建築の挿入 ―

きれいに区画整理された都市部では街区や住宅を囲う塀などのさまざまな「垣根」により、外を歩いていても人々の営みを感じられない。そのような街ではかえって人々のふるまいを制限し、各々が閉じて孤立した無縁社会の構図と化してしまっているのではないか。これらの垣根を発展させ、モテナシを開く街の在り方を提案する。

ID181
名城大学
大津留 依舞
Ibu Otsuru

Project
現代の城

都市と呼ばれる高度に産業化した社会の中で、都市生活者の理想のライフスタイルとして都市機能の整備と豊かな生活の実現が謳われてきた。しかし、都市機能が充実していく一方で豊かな生活が疎かになりつつあるように感じる。合理性が求められる都市の中に都市生活者が社会の動きにとらわれず、プレッシャーから解放される居場所を提案する。

ID182
豊田工業高等専門学校

村松 嵩太
Kota Muramatsu

Project
うなぎ横丁

江戸時代、関所が創設され、宿場町として栄えたまち。現在は近現代な建物が増え、宿場町の景観が失われている。そんな私の故郷に「宿場町の再生と現代との融合」を目指し、昔の栄華を取り戻す計画を提案する。まち並みの再生を図り、江戸時代と現代を名産品の「うなぎ」が結ぶ。

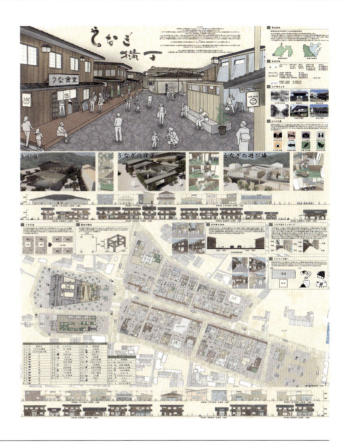

ID183
大同大学

関谷 南月乃
Natsuno Sekiya

Project
動物と人の愛ある世界へ
― 東山動植物園をハブとした動物園と動物保護施設の新たな在り方 ―

殺処分される犬や猫を保護し、譲渡に繋げるための建築。動物保護施設を動物園と掛け合わせ、この建築を通して「動物と人の関わり方」の変化を目指す。また、動物が「生涯の家族」に出逢うための建築と仕組みを確立する。

作品紹介

ID185
名古屋大学
吉永 聖
Sei Yoshinaga

Project
四日市旧港再編計画

国道23号線沿いに位置し、現四日市港・四日市コンビナート・住宅街の結節点となる四日市旧港の緑地を敷地とする。時代・スケール・機能がさまざまに入り混じる緑地に、「バンド」を形成し、駐車場・公民館・市場・養殖場・貸しオフィスを「積層」することで、現代における旧四日市港の在り方を考える。

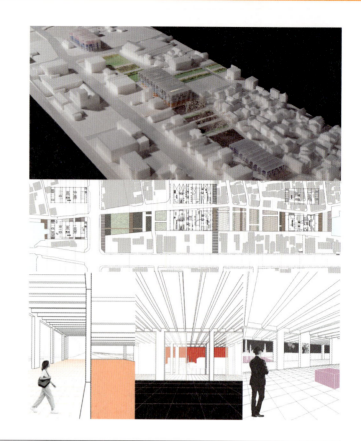

ID188
名城大学
磯貝 由奈
Yuna Isogai

Project
住宅地計画の未来
― 内外境界を緩めるメソッド ―

東日本大震災からもうすぐ13年が経とうとしている。もともと漁村に住んでいた人々は高台移転地に再建し生活を送っている。コストや平等を重視した都市計画がなされ、工業化住宅が建ち並び、漁村の民家や昔の集落と比べて閉じたつくりになっている。内外を隔ててしまっている要素一つひとつに目を向け、手を加えていく。

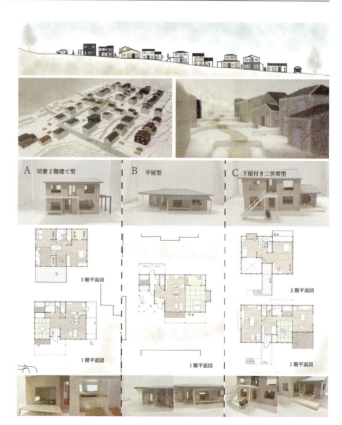

132

NAGOYA Archi Fes 2024

ID189
名城大学
阿部 航
Wataru Abe

Project
そだてる公民館

私たちは自立と孤立を取り違え、行政への依存を強めることで地域社会の運営すら行政の仕事にしてしまった。しかし本来の民主主義下では、私たち民から官に働きかけ地域をつくっていくべきである。そこで、革財布を「そだてる」ように、公民館を使いつくし、人の履歴を残すことで小さな社会をつくる、そだてる公民館を提案する。

ID190
名城大学
田中 めい
Mei Tanaka

Project
ツギハギフレーム
— アーティストを中心としたせんい団地コミュニティの構築 —

一宮せんい団地の顔となっているビルのファサードを抽出し、それを「シーンを切り取るフレーム」とした。ビルの表面だけでなく内部空間にまで侵食するフレームはヒトの活動や関わりをマチに映し出し、既存のヒトとマチ、新規のヒトとマチをツギハギする。時代の流れに適応しアップデートし続けるせんい団地の構築を試みた。

133

作品紹介

ID191
名古屋工業大学
青山 仲穂
Nakaho Aoyama

Project
軌跡空間
— 迷い,思考し,寄り,出会う —

人生とは運動と成長の流れであり、自分の辿った足跡を認知地図として描き続ける行為である。地図に描かれた場所は、歩行という運動の途中でつくり上げたものだ。地図は、こどもの認知や身体の成長とともに次々と書き込まれていく。運動と成長の過程のなかで空間は次第に奥まり、透過することで、完成図へと近づいていく。

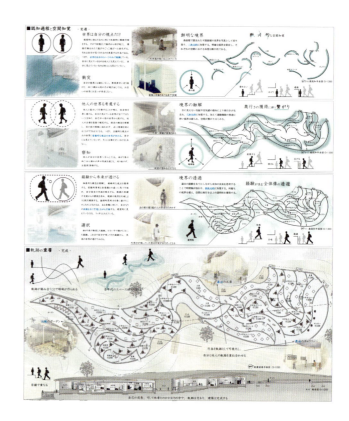

ID194
名城大学
森本 莉央
Rio Morimoto

Project
海への恩返し
— 捨てない暮らしが育む漁村の未来 —

私たちは恵みをくれる自然に対して恩返しできているだろうか。南伊勢町の漁村集落を舞台に、捨てない暮らしが育む集落の未来を提案する。雨水や生活排水、空き缶や空き瓶、古くなった漁具など、捨ててしまっていたものを海の栄養へと変えていく。人々の恩返しの心が、海の美しさと暮らしの豊かさを育む未来を考える。

ID195
名城大学
秋山 友希
Yuki Akiyama

Project

滲み出る風景
― 港町商店街の再考 ―

焼津駅前通り商店街は空き店舗の増加、利用者の減少を理由に衰退の一途を辿っている。港町にできたこの商店街は看板建築がつくられたことによって本来の港町の風景が隠れてしまっている。そこで商店街に対して港町の風景のデザインコードを用い、港町の生業や生活が現れていくような港町ならではの商店街の在り方を提案する。

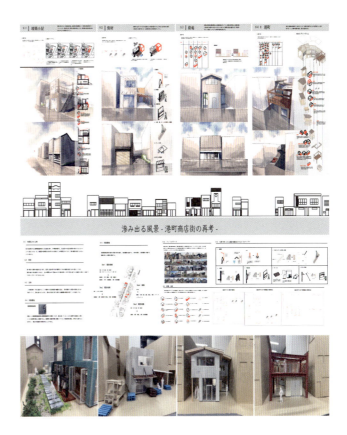

ID196
名城大学
濵﨑 裕理
Yuri Hamasaki

Project

小さなインフラ
― エネルギーと共生する都市の未来 ―

エネルギーは、効率を考えて広い土地でしか生産されず、隙間のない都市ではエネルギーを生み出す場がないため、都市において、エネルギーは依存の対象となっている一方で、都市のエネルギー消費量は莫大である。都市において、植物のように周辺のエネルギーを取り込みながら互いに分け合える都市のビルを提案する。

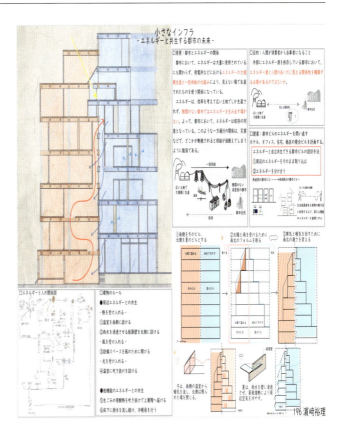

作品紹介

ID197
信州大学
中川 颯人
Hayato Nakagawa

Project

営みの風景を紡ぐ多世代共生拠点

自然環境や生活の変化に応じ、住民自ら構築や工夫を凝らし暮らしてきた輪島。しかし、時代の変化とともに人と人のつながりと繕い暮らす風景は失われた。そこで、モノや知識、技術を媒介とした互助関係と、それに伴う共生拠点を提案する。手と手を取り合い、自らの環境をつくり上げていく拠点は、互助関係を取り戻す一筋となる。

ID203
名古屋大学
鷹見 紅歩
Kureho Takami

Project

みちを見つける

回復期の患者はリハビリの時間が限られ入院中の多くの時間が余る一方で、病院内で過ごすこととなり選択肢は限られている。そこで図書館と医療施設を複合させ図書館内でリハビリを行うことでより社会に近いところで選択的に過ごし、回復のためだけでなく退院後の生き方を見つけながら、元気になっていくための施設となる。

ID205
静岡文化芸術大学

海野 未洋
Mihiro Unno

Project
歴史を紡ぎ
未来を拓く子どもたちへ
— 本・人・街との関係から解く中高生のための公共図書館 —

現代の中高生はさまざまな悩みや葛藤を抱えている。そこであらゆる人が等しく知識を得られる公共図書館に着目し、本を介して社会を広く知る場として中高生の利用に特化した公共図書館を提案する。手に取った本、空間を共有する同年代の他者、眼前に広がる静岡の街並みの3つのスケールから中高生の意識に働きかける。

ID207
名古屋工業大学

村中 理緒人
Rioto Muranaka

Project
120秒のランウェイ
— 両方向メディアとなるアパレルオフィス —

インターネットの発達により情報の地域性やなまもの感が薄れている。それは映像メディアの多様化によって実際の人々の営みを直にみる機会が減少しているからであると考える。そこで建築の中での営みを情報、建築自体をメディアとし、建築の大きさや地域性を活用した新たなメディアの形を提案する。

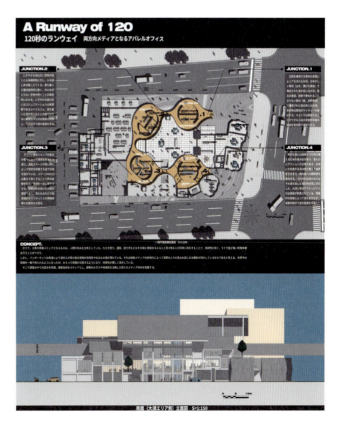

ID210
大同大学
日下部 和哉
Kazuya Kusakabe

Project
建築は動く
― 廃線を利用した近隣地域の再編 ―

廃線の魅力を残す動く建築と動かない建築による活用方法の提案。廃線という街の余白に自発的ふるまいをさらに誘発させるドック(動かない建築)と廃線の魅力を保存する動建築(動く建築)の関係性のデザインをすることで空間に時間という軸を帯び、設計者の意図しない空間を創出する可能性を示している。

Backstage
Document

NAGOYA Archi Fes 2024

活 動 内 容 紹 介

NAGOYA Archi Fes 2024

年間活動内容

NAGOYA Archi Fes 2024 は中部建築界の活性化を理念に掲げており、中部卒業設計展の運営を中心に多岐にわたる活動を行っております。メンバーはすべて学生の有志による団体で今年で11年目を迎えました。今年度は157人のメンバーとともに「Apollo」という理念を掲げ、新しい一歩を踏み出すことを目標に活動してきました。NAFは単なる中部卒業設計展の運営スタッフではありません。そんなNAFメンバー各々の一年の活動記録をまとめました。

中部卒業設計展　当日審査の様子

愛・建築博（通称：ライト祭の様子）

10月	11月	12月	1月	2月	3月
写真コンペ 愛・建築博 縦割りコンペ	プロレゴメナサミット	第2回全体会	小空間コンテスト	第3回全体会	中部卒業設計展

写真コンペ

写真コンペ

小空間コンテスト　当日審査の様子

第3回写真コンペ

2023年夏に開催された第3回NAF写真コンペ
今回は、ToLoLo studioのみなさんを審査員にお招きし、NAFメンバーとともに審査を行いました。

谷川ヒロシ

中村マユ

田島ナナ

沼畑光汰
（当時ToLoLo studioにインターン）

 ToLoLo studio   詳細はこちら

応募写真　※一部抜粋

優秀賞　淺井大成

沼畑賞　桂川岳大

小林一輝

優秀賞　小林一輝

オーディエンス賞　山本淑生
浪崎巧己
小林一輝
浪崎巧己

最優秀賞　淺井大成

浪崎巧己

小林日和
田島賞　山内友実

中村賞　小林一輝

淺井大成
桂川岳大

特別賞　櫃田結衣

谷川賞　武藤玄樹

武藤玄樹
小林一輝

淺井大成

143

明日が、笑顔になる空間を。

2024　木質小空間設計コンテスト

概要

2024年1月、NAGOYA Archi Fes ものづくり委員会が主催となり、木を使った小空間のコンテストを開催した。テーマを「つながる小空間」とし、6大学の学生から11作品の提出があった。審査員には、橋本雅好先生（椙山女学園大学）、北川啓介先生（名古屋工業大学）、株式会社SPACE様より三名の社員の皆様をお招きし、参加者との積極的な対話を含めた審査方式をとることで学外の多くの人に参加者の作品を見てもらい、学生にとって実りのあるイベントになるよう企画した。

コンテストでは最優秀賞一点、優秀賞二点、企業賞としてSPACE賞一点、入賞が選考された。最優秀賞は、名古屋市立大学の学生らによる作品「うねりつながる」が受賞、SPACE賞は名古屋造形大学の学生らによる作品「Sirigatari」が受賞した。

最優秀賞　「うねりつながる」

講評

小空間設計コンテストの最優秀賞には名古屋市立大学芸術工学部の学生らによる「うねりつながる」が選出された。
この作品は木の材を組み合わせるだけでつくることができるアイデアであり、材の重みで強く組み合わされる構造となっている。
材の長さを変えることで二つの円を構成したことが評価された。

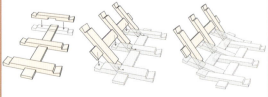

株式会社 スペース

全国に事務所を構え、商空間のプロデュースを行う企業。地域コミュニティーとの共同企画も数多く実施し、NAGOYA Archi Fes とともに 2019 年より什器をメインとしたさまざまな制作を行う。卒業設計展においては例年、制作物の展示をしている。

2019-2023

2019 NAF のメンバーを対象にした企業との連携制作の提案コンペティションを開催。フレキシブルに組み立て、組み替えが可能な箱型ユニットとして、「HACO×HACO」を採用し作成した。

2020 前年度の「HACO」をどう生かすかが課題となった 2020 年では、「HACO」の寸法に即したスケールでの「WAKU」を作成し、リノベーションを行った。

2021 過去の作品である「WAKU」を回転させた形で、展示台としてリノベーションを行う。
2021 年卒業設計展テーマの "WITH" の "W" の文字をコンセプトに、斜めの部材が組み合わされ、さまざまな形を形成できる展示台を作成した。また、参加者に自身を紹介するパネルを書いてもらい、「WITH展」という形で展示した。

2022 NAF の中の新しい委員会としてものづくり委員会発足。NAF メンバーからアイデアを募集し、卒業設計展の作品 ID 番号標識や、端材を利用した椅子の作成。また、過去の制作である「HACO」を再利用しゴミ箱を作成した。

2023 ものづくり委員会内からアイデアを募集し、スツールとして、展示台として、傘立てとしてなどさまざまな用途を持つ NAF マーク型多機能キューブの案を採用し作成した。また、感染症対策の一環としてアルコール消毒液スタンドの作成も行った。加えて、委員会の活動をより広く知ってもらうために、過去の制作物も展示した。

2024 小空間設計コンテストの参加作品の中から企業賞として「SPACE 賞」を名古屋造形大学の学生の作品に贈呈。
受賞作品を約 1 か月半にわたる対面での打合せによって強度やスケールのブラッシュアップを行い、過去の制作物とともに中部卒業設計展の会場に展示した。
木の角材を組み合わせ、シーソーのような形をしたベンチは座る人同士で言葉を掛け合い、座る位置を調節しないと傾いてしまう。そのため立つときも声を掛け合いながらではないといけない。そういったコミュニケーションを生むアイデアに加えて、基本ユニットを重ね合わせた構造やネジを見せない仕上げが評価され受賞に至った。

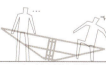
立つときも声掛けが必要

ひとりでは座れない

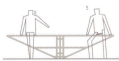
一緒に座って声の掛け合い

 ×

With 山西

2023年度から総合住宅資材会社である株式会社 山西様と共に工場で発生した端材をはじめとした木材を用いた製作を行っています。
毎年2回開催されるプロウッドスタイルフェアにて私たちの作品を展示する機会を設けていただき、そこで私たちの活動を発信しています。

～NAGOYA Archi Fes 2024 にて展示～ **端材でつくる モザイクアート**

木材を切断する際に現れる建材にできない程の長さの端材は、一般的にはチップに加工され、燃料として用いられています。
ですが、建材として用いることのできない木材でも木としての暖かみや香りが存在します。
これらのことから私たちはこれらの端材を作品に用いることでアートとして新しい表現ができるのではないかと考えました。
端材を用いたモザイクアートの製作を通して、さまざまな色や手触りの端材を用いたからこそできる表現を発信していきます。

活動一覧

2022年 制作「木に願いを」　2023年 制作「モザイクアート」

2023年 制作「金具を用いない木製家具」

2022年 制作「藤棚Wood」

愛・建築博　ライト祭

愛・建築博って？（主催：エイトデザイン 株式会社　水野茂朋氏）

豊田市美術館で行われたフランク・ロイド・ライト展に合わせて開催した街を歩きながら建築を楽しむ欲張りな展覧会。
さまざまなオシャレなお店で食事やお買い物をしながら建築家のドローイングや模型、インスタレーション作品をみて、お店や街の人との交流が生まれ街を知り街を楽しむ体験型アートイベントです。
豊田と岡崎の15店舗に15組の建築家が展示を行いました。
NAFとしてこのイベントに参加させていただきました！

ライト祭って？

豊田市美術館で行われていたフランク・ロイド・ライト展を鑑賞後、灯りのインスタレーションを行うイベントです。巨匠と灯りをかけて「ライト祭」と名づけました。
使うものは、風船、ポール、テープ、糸、そしてライトだけ。
6組に分かれて制作し、豊田市駅前の広場全体を1つのアート作品としてつくり上げました。限られた時間・場所・材料でありながら、6組6様の表現が生まれ、点灯後は足を止めて写真を撮る方や声を掛けてくださる方もいました。"人に楽しんでもらう空間をつくる"という建築の醍醐味を感じられる、貴重な経験となりました。

ライト祭の始まり

主催者の水野さんにお声掛けいただき、愛・建築博の1つとしてイベントを1から企画することになりました。
何をやるか、どこでやるか、その自由度の高さゆえに一時は全く違うことを計画していましたが、度重なる会議と水野さんからの助言により、イベント内容が決定しました。
その後、インスタレーションの内容、材料と工作方法についての会議と試作を行いました。

スケジュール

7月　会議

10月　インスタレーション試作

29日　ライト祭

当日タイムスケジュール

10:00　フランク・ロイド・ライト展　鑑賞
　　　　@豊田市美術館

12:00　昼食

13:00　灯りのインスタレーション　制作
　　　　@豊田市まちなか広場

18:30　点灯
19:00　灯りを見ながら夕食
21:00　撤収

10月21日〜12月24日　愛・建築博

147

オブジェ制作記録

NAF 2024 テーマ
『Apollo』

　会場委員会オブジェ班では毎年、NAFのシンボルとなるオブジェを制作し、設計展当日の会場に印象を与えます。
NAF 2024 のテーマは『Apollo』。NAFも今年で11回目を迎えました。初めて月面着陸に成功した、APOLLO 11号にちなみ、私たちも新しい一歩を踏み出したい、新しいことに挑戦したい、そんな意味が込められています。

NAF 2024 オブジェ班の挑戦

　オブジェ班としても、なにか新しい挑戦ができないかと、形や材料を検討し、会議を重ねていきました。毎年、テーマの文字をかたどったオブジェが多い中、今年は文字を入れない抽象的な表現に挑戦しました。また、針金という今まで使ったことのない材料を用いて、つくり手一人ひとりによる自由な表現をオブジェに取り入れました。

オブジェに込められた思い

　月面に過去のNAFのロゴをモチーフにした種が落ち、そこから芽が出て、新天地で新たな一歩を踏み出している様子を表しています。双葉に見られるカラフルに彩られた渦は、NAF設計展当日に参加する、出展者の方、審査員の方、関係者の方、そしてNAF実行委員の全員の数を表しています。この場所で新たに踏み出した一歩を、今後さらに大きく成長させて欲しい、そんな思いを込めてデザイン、制作を行いました。

スケジュール

6月 　新メンバー加入・顔合わせ

9月 　会議
　　　　月に1〜3回、計13回の会議を行いました。

2月 　案決定

3月 　制作
　　　　短い時間の中で、仲間と共に試行錯誤を重ね、楽しく制作することができました。

　　　　完成

　　　　中部卒業設計展

ありがとう。

10年間の長きにわたり私たちのシンボルを務めてくれていたかわいい
ボックスのロゴとお別れすることになりました。
生物が新しい命を紡ぐようにこのロゴは新しいロゴの種子となります。

NAFのロゴが生まれ変わりました。

この種子が芽を出し新しいNAFのシンボルとして誕生しました。
私たちNAFが中部圏の建築業界を盛り上げていくためにも、常に新しい風が必要です。
この新しいロゴがそのきっかけになってくれることを願います。

よろしく。

NAGOYA Archi Fes 2024　中部卒業設計展 学生実行委員会

委員会	氏名	所属	役職
NAF代表	鈴木 彩良	大同大学(3年)	
NAF副代表	田尻 翔梧	名古屋工業大学(3年)	
	桂川 岳大	名古屋工業大学(3年)	
会場委員会	中野 葵	名古屋工業大学(3年)	委員長
会場委員会 設営運送班	里見 拓哉	名古屋工業大学(3年)	班長
	石黒 航太	名古屋工業大学(3年)	副班長
	青井 咲都	愛知淑徳大学(2年)	
	井口 満裕	大同大学(2年)	
	岩橋 茉白	名古屋市立大学(2年)	
	岡山 莉呼	愛知淑徳大学(2年)	
	木野村 綾音	愛知淑徳大学(2年)	
	近藤 亜海	大同大学(2年)	
	佐々木 葵	名古屋工業大学(2年)	
	鈴木 琴弓	名古屋工業大学(2年)	
	隅谷 莉子	名古屋工業大学(2年)	
	竹内 萌華	愛知淑徳大学(2年)	
	難波 周佑	名古屋工業大学(2年)	
	蜷川 凜	愛知淑徳大学(2年)	
	沼田 玲佳	名古屋工業大学(2年)	
	堀内 はな	名古屋市立大学(2年)	
	堀口 颯太	名城大学(2年)	
	吉川 世雄	愛知淑徳大学(2年)	
	入田 泰地	名古屋工業大学(1年)	
	髙橋 光	大同大学(1年)	
	戸崎 雄心	名古屋工業大学(1年)	
	増田 莉子	名古屋市立大学(1年)	
会場委員会 演出班	加藤 丈太郎	名古屋市立大学(3年)	班長
	林 弘基	名古屋工業大学(3年)	
	藤岡 学人	名古屋工業大学(3年)	
	石川 美空	名古屋工業大学(1年)	
	川村 紗楽	名古屋工業大学(1年)	
	関山 ゆら	名古屋工業大学(1年)	
	中村 真緒	中部大学(1年)	
会場委員会 オブジェ班	伊藤 愛恵	名古屋工業大学(3年)	班長
	藤村 省吾	中部大学(2年)	副班長
	岩田 峻聖	名古屋工業大学(3年)	
	沖野 希美	大同大学(3年)	
	加納 若愛	名古屋工業大学(3年)	
	川畑 瑛都	大同大学(3年)	
	權田 結衣	中部大学(3年)	
	佐藤 彼方	愛知淑徳大学(3年)	
	佐藤 雅	大同大学(3年)	
	中村 來珠	大同大学(3年)	
	成田 一真	名古屋工業大学(3年)	
	野田 凌平	名城大学(3年)	
	伴 拓実	名城大学(3年)	
	青木 楓奈	金城学院大学(2年)	
	稲田 凌志	中部大学(2年)	
	加藤 優貴	名古屋工業大学(2年)	
	白澤 董	大同大学(2年)	
	松田 実己	名古屋工業大学(2年)	
	三輪 天音	大同大学(2年)	
	井川 湊斗	名古屋工業大学(1年)	
	奥村 佑菜	名古屋工業大学(1年)	
	齋藤 美礼	名古屋市立大学(1年)	
	竹内 望乃	名古屋市立大学(1年)	
	永野 なな子	名古屋工業大学(1年)	
	矢尾 ともか	名古屋工業大学(1年)	
審査委員会	南谷 篤	名古屋工業大学(3年)	委員長
	吉川 瑞乃	名古屋市立大学(3年)	副委員長
	浅井 大成	名古屋市立大学(3年)	副委員長
	池田 裕大郎	名城大学(3年)	
	石川 凌司	名古屋工業大学(3年)	
	伊藤 凜音	大同大学(3年)	
	大河内 美圭	金城学院大学(3年)	
	梶野 聖乃	椙山女学園大学(3年)	
	加納 千聖	愛知工業大学(3年)	
	神谷 花歩	大同大学(3年)	
	小林 千輝	名古屋工業大学(3年)	
	牧 美里	名古屋工業大学(3年)	
	森元 優実	大同大学(3年)	
	山内 友実	名古屋工業大学(3年)	
	山本 康平	愛知工業大学(3年)	
	横山 知佳	愛知工業大学(3年)	
	小川 岬輝	名古屋工業大学(2年)	
	下平 知穂	名古屋工業大学(2年)	
	鈴木 颯真	中部大学(2年)	
	内藤 乃麻	名古屋工業大学(2年)	
	松本 大知	名古屋工業大学(2年)	
	武藤 玄樹	名古屋工業大学(2年)	
	森本 貴多良	愛知工業大学(2年)	
	植松 啓輔	名古屋工業大学(1年)	
	久世 敦也	名古屋工業大学(1年)	
	瀬尾 尚弥	名古屋工業大学(1年)	
	高木 春音	名古屋工業大学(1年)	
	中野 修佑	中部大学(1年)	
	松井 翔馬	名城大学(1年)	
	松井 太陽	名古屋工業大学(1年)	
	松本 尚子	名城大学(1年)	
	樫山 晴香	名城大学(1年)	
	吉田 吏希	名古屋工業大学(1年)	
広報委員会	桂川 岳大	名古屋工業大学(3年)	委員長
	中村 優太	名古屋工業大学(3年)	副委員長
	福田 有生	愛知工業大学(3年)	
	南 和	中部大学(3年)	
	加地 晴香	中部大学(2年)	
	河本 駿哉	大同大学(2年)	
	竹森 あいの	名古屋工業大学(2年)	
	古瀬 蒼真	名古屋工業大学(2年)	
	有井 健将	名古屋工業大学(1年)	
	木下 智裕	名古屋工業大学(1年)	
	河野 湧生	名古屋工業大学(1年)	
デザイン委員会	鵜崎 悠李	名古屋工業大学(3年)	委員長
	古田 舞	名古屋工業大学(3年)	副委員長
	跡田 有花	中部大学(3年)	
	勝谷 采音	名城大学(3年)	
	坂本 悠	名古屋工業大学(2年)	
	二村 絵里奈	中部大学(2年)	
	菱沼 瑛	名古屋工業大学(2年)	
	本多 一貴	中部大学(2年)	
	武藤 玄樹	名古屋工業大学(2年)	
	山口 想	名古屋工業大学(2年)	
	山本 莉紗	名古屋工業大学(2年)	
	行時 杏菜	名城大学(2年)	
	米林 風月	名古屋市立大学(2年)	
	伊藤 利紗	名古屋市立大学(1年)	
	井上 朔乃介	名古屋工業大学(1年)	
	佐藤 遥也	名古屋工業大学(1年)	
	仙波 輝之	名古屋工業大学(1年)	
	田川 圭汰	大同大学(1年)	
	中澤 俊太	名古屋工業大学(1年)	
	永島 隆晴	名古屋工業大学(1年)	
	沼田 大雅	名古屋工業大学(1年)	
	藤本 玲亜	名古屋工業大学(1年)	
	前川 胡春	名古屋市立大学(1年)	
	松平 祐真	大同大学(1年)	
	吉川 愛子	名古屋市立大学(1年)	
	渡辺 健斗	名古屋工業大学(1年)	
渉外委員会	神山 歩	名古屋工業大学(3年)	委員長
	田尻 翔梧	名古屋工業大学(3年)	副委員長
	生悦住 香子	名城大学(3年)	
	井出 快人	名古屋工業大学(3年)	
	後藤 和也	名古屋大学(3年)	
	篠原 智	名古屋工業大学(3年)	
	高濱 怜名	椙山女学園大学(3年)	
	都筑 康介	名古屋工業大学(3年)	
	西牟田 千優	名古屋工業大学(3年)	

	灰田 凌	名古屋工業大学(3年)	
	林 大翔	名古屋工業大学(3年)	
	三輪 華菜子	名古屋工業大学(3年)	
	赤星 夏希	中部大学(2年)	
	大下 玲奈	中部大学(2年)	
	加藤 竜治	名古屋工業大学(2年)	
	川本 柚	中部大学(2年)	
	鈴木 一眞	名古屋工業大学(2年)	
	鈴木 彩乃	中部大学(2年)	
	坪内 優斗	大同大学(2年)	
	浪崎 巧己	名古屋工業大学(2年)	
	花岡 敬太	名古屋市立大学(2年)	
	藤原 莉子	中部大学(2年)	
	舟井 葵	大同大学(2年)	
	秋田 依里	名古屋工業大学(1年)	
	大島 耀	大同大学(1年)	
	杉浦 拓真	名古屋工業大学(1年)	
	西尾 綾華	名古屋工業大学(1年)	
	吉村 南緒	名古屋工業大学(1年)	
ものづくり委員会	秋田 祐輝	名古屋市立大学(2年)	委員長
	阿部 莉々子	名古屋工業大学(3年)	副委員長
	小林 日和	名古屋工業大学(3年)	副委員長
	山本 洸生	大同大学(3年)	
	石川 陽之樹	愛知淑徳大学(2年)	
	伊藤 謙太朗	名古屋市立大学(2年)	
	佐野 文香	大同大学(2年)	
	清水 幹太	名古屋工業大学(2年)	
	神野 美央	名古屋市立大学(2年)	
	田中 豪二郎	中部大学(2年)	
	都築 洸平	名古屋市立大学(2年)	
	中岫 聖	中部大学(2年)	
	中村 空	中部大学(2年)	
	石塚 甲峻	名古屋工業大学(1年)	
	大嶽 英雅	名古屋工業大学(1年)	
	小針 実桜	名古屋工業大学(1年)	
	竹内 心汰	名古屋工業大学(1年)	
	樋田 麻生	名古屋市立大学(1年)	
	友田 開登	名古屋工業大学(1年)	
	成瀬 志穂	名古屋工業大学(1年)	
	橋本 妃奈	名古屋工業大学(1年)	
	松本 莉穂	名古屋市立大学(1年)	

CLASIS HOME

〈募集職種〉
- ホームアドバイザー(営業)
- ホームエンジニア(現場監督)
- プランナー(営業設計)
- 実施設計(法規・構造)
- インテリアコーディネーター
- エクステリアプランナー(外構)
- カスタマーサービス(アフターメンテナンス)

注文住宅施工棟数
東海4県
7年連続
No.1
2016-2022年度

※愛知県・静岡県・三重県・岐阜県に本社を置くビルダー

建築に、温度を。

 AZUSA SEKKEI 梓設計

本　　社：〒144-0042　東京都大田区羽田旭町 10-11　MFIP 羽田 3F　TEL：03 − 5735 − 3210
中部支社：〒460-0003　愛知県名古屋市中区錦三丁目 15-15 CTV 錦ビル 6F　TEL：052 − 253 − 8822
https://www.azusasekkei.co.jp

想いに気づき　つながりを築く。

三岐建 株式会社

本社　〒503-0918 大垣市西崎町2丁目46番地　　TEL　(0584)81-2121(代)
Web　https://www.giken-kk.co.jp　　　　　　　FAX　(0584)78-2205

WORK●CUBE

株式会社 ワーク○キューブ

桑原 雅明　　吉元 学　　平野 恵津泰

名古屋市中区正木 1-13-14

https://workcube.jp　　E-mail:workcube@workcube.jp

NAGOYA ArchiFes 2024

NAGOYA Archi Fes 2024
協 賛 企 業 一 覧 (50 音順・敬称略)

公益社団法人 愛知県建築士事務所協会	タナカアーキテクト 株式会社
アサヒグローバルホーム 株式会社	株式会社 田中綜合設計
株式会社 梓設計 中部支社	中日設計 株式会社
株式会社 アルファワークス	戸田建設 株式会社
株式会社 安藤・間	飛島建設 株式会社
株式会社 エサキホーム	トヨタホーム 株式会社
エスサイクル設計 株式会社	ToLoLo studio
株式会社 NJS	中村建設 株式会社
株式会社 大林組	株式会社 日建設計
株式会社 学情	株式会社 ニッテイ建築設計 東海事務所
株式会社 鍛冶田工務店	公益社団法人 日本建築家協会 東海支部
金子工業 株式会社	株式会社 箱屋
岐建 株式会社	株式会社 波多野工務店
クラシスホーム 株式会社	ひだまりほーむグループ 株式会社 鷲見製材
株式会社 黒川建築事務所	株式会社 福田組 名古屋支店
清水建設 株式会社	株式会社 洞口 ネイエ
スターツ CAM 株式会社	真柄建設 株式会社 名古屋営業所
株式会社 スペース	株式会社 三菱地所設計
セブン工業 株式会社	株式会社 安井建築設計事務所
株式会社 ソネック 名古屋支店	矢作建設工業 株式会社
大豊建設 株式会社	株式会社 類設計室
高砂熱学工業 株式会社	株式会社 ワーク・キューブ
株式会社 竹中工務店	

特別協賛：株式会社 総合資格

私の選択は間違ってなかった

選んだのは、合格者の50％以上が進んだ王道ルートでした。

1級建築士 合格実績 No.1

平成26〜令和5年度
1級建築士 設計製図試験
全国合格者占有率【10年間】

54.8%

他講習利用者＋独学者 ／ 当学院受講生

全国合格者合計 36,470名中 ／ 当学院受講生 19,984名
（令和5年12月25日現在）

★学科・製図ストレート合格者とは、令和5年度1級建築士学科試験に合格し、令和5年度1級建築士設計製図試験にストレートで合格した方です。 ※当学院のNo.1に関する表示は、公正取引委員会「No.1表示に関する実態調査報告書」に基づき掲載しております。 ※全国ストレート合格者数・全国合格

 総合資格学院

東京都新宿区西新宿1-26-2
新宿野村ビル22階
TEL.03-3340-2810

合格実績No.1のヒミツを公開中！

スクールサイト
www.shikaku.co.jp

コーポレートサイト
www.sogoshikaku.co.jp

NAGOYA Archi Fes 2024
中部卒業設計展

2024年10月8日　初版発行

編　著	NAGOYA Archi Fes 2024 中部卒業設計展実行委員会
発行人	岸 和子
発行元	株式会社 総合資格
	〒163-0557　東京都新宿区西新宿1-26-2　新宿野村ビル22F
	TEL 03-3340-6714（出版局）
	株式会社 総合資格　http://www.sogoshikaku.co.jp
	総合資格学院　　　https://www.shikaku.co.jp
	出版サイト　　　　https://www.shikaku-books.jp

編　集	森永もも、鬼頭英治（株式会社 エディマート）
執　筆	NAGOYA Archi Fes 2024 中部卒業設計展実行委員会
アートディレクション	佐藤美咲（株式会社 エディマート）
デザイン	佐藤美咲、城野優里（株式会社 エディマート）、田中農（CoroGraphics）、
	NAGOYA Archi Fes 2024 中部卒業設計展実行委員会
撮　影	加納将人、NAGOYA Archi Fes 2024 中部卒業設計展実行委員会
編集協力	竹谷繁（株式会社 総合資格 学校法人部）、金城夏水、坂元南（株式会社 総合資格 出版局）
印刷・製本	セザックス 株式会社

本書の一部または全部を無断で複写、複製、転載、あるいは磁気媒体に入力することを禁じます。

Printed in Japan
ISBN　978-4-86417-542-5
©NAGOYA Archi Fes 2024 中部卒業設計展実行委員会